KB186248

에니어그램 코칭맘

에니어그램 코칭맘

내 아이의 성향에 꼭 맞춘 맞춤식 코칭

김진희 지음

YANG 陽 MOON

| 차 례 |

어쩌다 엄마! 정말 어쩌다 보니 엄마가 되었습니다. 구체적으로 임신을 계획하고 어떻게 아이를 양육할 것인지에 대해 미리 준비한 경우도 있겠지만 대부분의 엄마들은 어찌하다 보니 임신한 경우가 많습니다. 비록 준비가 덜 된 상태였지만 임신 사실을 알았을 때는 그 무엇과도 비교할 수 없는 강렬한 감정을 느꼈습니다. 초음파검사로 아이의 심장 뛰는 소리를 들었을 때 복받쳐 오르는 감격을 주체할 수 없어 한없이 흐르던 눈물도 엄마들은 다들 기억하시겠지요. 아이가 발로 배를 툭툭 칠 때는 두 손으로 배를 감싸안으며 누구를 닮았을까 상상하던 설렘 가득한 시간도 있었습니다.

모든 부모가 그렇듯이 누구보다 아이를 잘 키우고 싶었던 나만의 계획들이 있었습니다. 임신 사실을 안 순간 인터넷으로 이런저런 정보를 찾아보고, 서점으로 달려가 여러 권의 책을 사들고 돌아왔죠. 공부도 하고 임신교실 강좌도 들으며 조심스럽게 준비를 계속했습니다. 아이를 잘 키우려는 마음은 엄마라는 존재가 되는 순간 본능적으로 발현되는 의지였습니다. 주변 선배나 친정엄마에게 정보를 얻어 태교에도 신경을 쓰고, 기대 반 설렘 반으로 나름 출산 준비도 합니다. 아이를 양육하는 것은 세상에서 가장 중요한 일이지만 막상 아이를 낳고 키우다 보면 내 생각대로 척척 되는 경우는 그리 많지 않습니다. 모든 것이 처음인지라 여기저기 주변에 숱한 질문을 하게 됩니다. 초보엄마의 좌충우돌 육아가 시작되는 것입니다. 힘든 육아를 극복하기 위해 친정엄마의 도움도 받고, 맘카페에도 가입해 함께 머리를 맞대며 고민을 해결해 나가기도 합니다.

주변의 많은 사람을 통해 도움을 받지만 그래도 한계가 있습니다. 많은 육아서와 다양한 강의에서는 '자녀를 사랑으로 키워라', '있는 그대로 인정하라'는 등 정말 좋은 조언을 많이 해줍니다. 맞는 말입니다. 그러나 머리로는 이해가 되는데 실제로는 쉽지 않을뿐더러 매번 부딪치게 됩니다. 갈등 속에서 '혹시 내가 잘못하고 있는 건 아닐까?', '이렇게 하는 게 맞는 걸까?', '우리 아이가 유난히 까탈스럽고 힘들게 하는 걸까?' 속상해하며 고민도 합니다. 말처럼 쉽지 않은 것이 육아입니다.

대부분의 육아서는 '이럴 땐 이렇게 키워라, 이런 상황에선 이렇게 대처하라'며 많은 방법을 제시합니다. 다행히 어떤 방법은 내 아이와 잘 맞기도 하지만 아이와 딱 맞지 않는 경우도 많았습니다. 그래서 부모들은 끊임없이 시행착오를 겪습니다. 그것은 내 아이의 성향을 제대로 이해하지 못해서 발생하는 경우가 많습니다. 그렇게 시행착오를 겪어나가는 경험으로부터 아이를 조금씩 이해하게 되고 노하우도 얻게 되지만, 내 아이의 성향을 미리 알 수 있다면 서로 힘겨운 과정을 겪지 않고도 현명하고 슬기롭게 아이에게 잘 맞는 양육을 할 수 있습니다.

맞습니다. 이제는 내 아이에게 맞는 교육법을 찾아야 합니다. 아무것도 모르는 초보 엄마들이나 내 아이에게 꼭 맞는 양육 방법을 찾아 고민하는 엄마에게 에니어그램은 좋은 대안이 될 것입니다. 내 아이의 욕구가 무엇인지, 내 아이의 강점과 부족한 점이 무엇인지 그것을 알아 그에 걸맞은 맞춤식 육아가 필요한 때입니다.

많은 엄마들은 아이들이 자신의 방식을 따라주기를 바라지만 엄마의 바람대로 커주지 않는 게 현실입니다. 어릴 때는 엄마 말을 듣는 듯하지만 점점 자기주장을 하며 부딪치기 시작합니다. 엄마는 절대로 아이에게 강요할 수 없으며 아이의 성격을 바꿀 수도 없습니다. 다만 아이의 성향대로 성장하도록 도와주는 것이 엄마의 역할입니다.

당연히 저도 나름대로 아이를 잘 키우려 노력했습니다. 최선을 다해 헌신적으로 아이를 키우면 마땅히 잘 자라 줄 거라고 생각하며 제 스타일대로 아이를 키웠습니다. 하지만 아이가 차차 성장하며 자신의 목소리를 내기 시작하자 아이와 갈등이 생기게 되었습니다. 에니어그램을 공부한 후에야 대다수 갈등의 원인이 엄마 자신과 아이의 성격 특성을 제대로 이해하지 못하는 데에 있다는 것을 알게 되었습니다. 실제로 엄마들이 아이를 키울 때 문제에 부딪히는 것은 아이의 성향보다 엄마 자신의 성격적인 문제인 경우가 더 많습니다. 즉 엄마인 자신을 잘 파악하지 못하고 자녀의 성향을 무시한 채 엄마의 성격유형에 따라 의식적 ·

무의식적으로 자녀를 양육한 것입니다.

많은 엄마들이 다양한 교육과 정보를 통해 좀 더 지혜로운 방법을 알아가고 있다는 점은 매우 고무적인 일입니다. 그럼에도 다양한 교육과 정보, 즉 이론들이 실제로 부딪히는 현실과 무척 다르고 어떻게 적용해야 할지 어려움이 많은 것도 사실입니다. 저 또한 제 성격과 아이의 성향을 제대로 파악하지 못해 아이와의 갈등을 피할 수 없었죠. 힘들게 시행착오를 거친 후 에니어그램을 공부하면서 비로소 많은 것을 깨달았습니다. 그동안 제대로 파악하지 못했던 제 성격에서 오는 양육스타일이 어떤 것인지도 알게 되었고 아이의 성향도 이해하게 되었습니다. 그 후로는 아이의 성향을 있는 그대로 인정하고 수용하면서 아이의 성향에 맞춰 키우려고 노력하였습니다. 아이의 성향을 파악해 적절한 질문을 하며 최적의 양육과 교육에 많은 도움을 받았습니다. 아이의 성향에 따른 적절한 코칭 질문이 필요합니다. 엄마의 성격유형에 대한 정보는 졸고《엄마가 먼저 알아야 할 에니어그램》(평단, 2016)을 참고하면 도움이 될 것입니다.

바야흐로 제4차 산업혁명 시대를 맞이하고 있다는 것을 엄마들도 많이 알고 있습니다. 아직은 현실적으로 피부에 와 닿지 않는 부분이 많지만 우리 아이들이 펼쳐나갈 세상은 지금과는 전혀 다를 것입니다. 미래는 창의적인 사고와 문제해결 능력을 가진 복합적인 인재를 원합니다. 자율성, 창의성, 융합하는 인간이 대세입니다. 그러기 위해서는 지금까지 교육의 틀에서 과감히 벗어나 아이 스스로 생각하고 문제를 해결할 수 있도록 양육하는 것이 최선의 길입니다. 우리는 지금까지 내 아이에게 친절하게 가르쳐주는 것이 사랑이라고 생각하는 부분이 많았습니다. 물론 아이가 어릴 땐 적절한 가르침이 필요합니다. 그러나 아이가 커감에 따라서는 스스로 사고할 수 있도록 묻고 스스로 답을 찾는 훈련이 필요합니다. 미래사회가 요구하는 글로벌 인재로 키우기 위해서는 스스로 문제해결 능력을 키울 수 있는 코칭식 질문이 필요합니다. 이제 엄마들은 아이의 성향을 파악하고 시기에 따라 그에 맞는 코칭식 질문을 해야 합니다. 에니어그램 코칭맘이 거스를 수 없는 대세가 된 것입니다.

2017년 12월

김 진 희

Part
1

<u>에니어그램으로</u>

<u>아 이 를</u>

<u>코 칭 한 다</u>

지금은 에니어그램 코칭맘의 시대

엄마들은 불안하다

시대가 변하고 있다는 것을 이제는 엄마들도 다 압니다. 하지만 너무나 급속한 변화에 어떻게 능동적으로 대처해야 할지 엄마들은 매우 불안합니다. 최근 방송이나 신문 등에서는 연일 인공지능 시대에 대비해 창의융합형으로 자녀교육을 해야 한다고 강조하고 있습니다. 주변에서는 너도나도 대비하고 있는데 혹시나 내 아이만 뒤처지는 건 아닌가 불안감도 커져갑니다. 그래서 나름대로 아이에게 다양한 경험을 하게 하고 여러 학원도 보내봅니다. 아이가 좋아하는 것이 무엇인지 아이의 성향을 파악하고 재능도 살펴보지만 뭐하나 속시원하지 못한 게 현실입니다. 그러다 보니 엄마는 엄마대로 괜히 불안하고 아이는 아이대로 해야 할 것이 많아 버거운 하루하루를 보내고 있습니다.

　아이의 재능을 찾아 교육하는 것도 만만치 않고, 또 안다고 해도 어떻게 하면 더 잘 키울지 고민된다는 말을 많이 합니다. 미래사회가 원하는 인재상은 공부만 잘한다고 되는 게 아니라 자기이해를 기반으로 인문학적 상상력과 과학기술, 창조력을 갖춘 사람입니다. 뿐만 아니라 바른 인성을 겸비하여 내가 갖고 있는 것을 공유할 줄 알고, 새로운 지식을 창조하고 다양한 지식을 융합하여 새로운 가치를 창출할 수 있는 인재입니다. 문제해결 능력이 있는 복합형 인재로 모두 함께 공존해야 한다고 주장합니다. 우리 아이가 성인이 될 즈음에는 지금 존재하는 직업들이 대부분 없어질 것이며, 이에 대비해 초연결과 초융합이라는 새로운 키워드로 접근해야 한다는 이야기를 듣게 되기 때문입니다.

하지만 머리로는 이해가 되지만 현실적으로 어떻게 해야 할지 잘 모르겠다고들 말합니다. 이럴 때 해결책이 있습니다. 엄마가 에니어그램 코칭맘이 되는 것입니다. 내 아이의 성향을 바로 알아 맞춤식으로 코칭하면 되는 것이지요. 에니어그램은 내 아이의 성격 성향에 어떤 특성이 있는지, 어떤 잠재력을 가지고 있으며 보완해야 하는 것은 무엇인지 알려주는 심리학적 지도이기 때문입니다. 모든 시작은 자기이해로부터 비롯됩니다. 자기 자신에 대해 알아야 해결의 실마리를 풀 수 있으니까요. 이제 내 아이의 성향에 맞는 육아법이 필요할 때입니다. 아무리 좋은 프로그램도 아이에게 맞지 않으면 아무 의미가 없습니다.

현실을 파악하자

2015년 발표된 9차 교육 개정이 2017년 초 1, 2학년부터 적용되어 해마다 점진적으로 확대 시행됩니다. 이 교육 개정은 초중고 학생에게 해당

될 뿐만 아니라, 유치원 교육과정도 2017년부터 점차적으로 시행되고 있습니다. 9차 교육 개정은 한마디로 창의융합형 인재 육성이 목표입니다. 즉 미래의 인재상은 창의성과 융합 능력 등을 갖춰 함께 공존하는 것입니다.

창의성과 융합 능력을 높이기 위해서는 지금까지의 주입식, 암기식 교육방법으로는 어렵습니다. 아이들이 스스로 생각하고 해결하는 능력을 요하는 것인데, 이것은 어릴 때부터 아이가 적극적으로 질문하고 스스로 문제를 해결할 수 있도록 훈련이 되어야 합니다. 갑자기 하루아침에 생기는 능력이 아닌 것이죠.

그럼 어떻게 해야 할까요? 늦었다고 할 때가 가장 빠른 때입니다. 지금부터라도 에니어그램 코칭맘이 되어 아이가 스스로 생각하고 행동할 수 있도록 키우자는 것입니다.

우리는 그동안 각각의 개성을 살리기보다는 한 방향으로 속도를 내어 달려왔습니다. 모두 다 좋은 성적을 위하여, 좋은 대학을 위하여, 좋은 직장을 위하여 사회가 원하는 방향으로 줄을 세우고 달려왔습니다. 열심히 노력하면 잘산다는 일방적인 한 방향 목표로 얻은 성공신화가 더 이상 우리 아이들에게는 유효하지 않을 뿐더러 그로 인해 전 세대와 사회갈등이 생기기도 했습니다. 열심히 노력만 하면 잘산다는 핵심은 착각이었습니다. 우리 아이들이 살아갈 초연결 시대에는 각자 성향에 맞게 개성을 살리면서 공유하고 융합해야 되기 때문입니다.

교육 시스템이 미래 사회의 흐름에 맞게 개정되어 실시되듯 우리 엄마들도 지혜를 발휘해야 합니다. 긴 안목으로 내 아이의 완전함을 믿고 에니어그램 코칭맘으로 변신해야 할 때입니다. 미래사회를 이끌고 갈 우리 아이들 모두가 행복하게 성공하고 성취하는 삶을 살도록 우리 엄마들이 잘 이끌어주어야 합니다.

아이가 태어나고 자라 엄마의 도움이 필요한 시기가 지나가도 엄마들은 하나부터 열까지 다 해주려고 합니다. 엄마 입장에서 불안하고 걱정스럽고 못 미더운 점이 많다는 것은 이해합니다. 저 역시 아이가 점점 커가는데도 몇몇 부분은 세세하게 챙겨주곤 했습니다. 하지만 자녀의 발달 과정을 보면 서서히 자신의 정체성을 찾아가고 자기주장도 하기 시작합니다. 그럴 때 많은 엄마들이 아이 키우기가 힘들어진다고 말합니다. 아이가 성장하며 독립성을 원하는데도 여전히 엄마는 아이를 믿지 못한 채 늘 하던 대로 가르치려 합니다. 즉 티칭을 하는 것입니다. 티칭이란 이것은 이렇게 하고 저것은 저렇게 하는 것이라고 답을 알려주는 것입니다. 자녀가 어릴 때는 엄마가 모범을 보이고 답을 가르쳐주는 것이 당연합니다. 하지만 아이가 커가면서는 티칭과 코칭을 적절하게 섞어야 합니다. 코칭이 바람직하다고 하여 어린 아이에게까지 스스로 답을 찾고 행동하도록 강요하는 것은 아이를 혼란에 빠뜨릴 수도 있으므로 티칭과 코칭을 적절하게 배합해야 됩니다. 아이가 점점 커가면서는 발달단계에 맞게 질문하면서 코칭하는 횟수를 늘리는 것이 좋습니다.

코칭, 그리고 코칭맘

코칭은 인간의 잠재력을 키워 성장하도록 돕는 행위를 말하며, 코칭을 실시해 개인의 변화와 성장을 돕고 최상의 해결책을 찾아 목표를 달성하도록 이끄는 사람을 코치라고 합니다. 다양한 코칭 프로세스인 경청, 공감, 질문, 지지, 칭찬 등 코칭 기법을 통해 코칭받는 사람이 목표를 세우고 변화할 수 있도록 도와주는 것입니다. 원래 코치란 말은 헝가리의 도시 코치(Kocs)에서 시작된 말 네 마리가 끄는 마차에서 유래했습니다. 승객이 역까지 가서 다른 사람들과 같은 속도와 동선으로 목적지를 향하는 기차와 달리 직접 승객이 있는 지점에서 출발해 목적지까지 데려다주는 마차처럼 코치(coach)는 각 개인을 목적지까지 인도하는 역할을 합니다.

최근 코칭이란 단어는 우리 생활에 깊숙이 들어와 있습니다. 자녀의 진로코칭, 학습코칭, 인성코칭 등만이 아니라 비즈니스 코칭, 라이프 코칭 등 이미 우리 생활 속에서 많이 익숙해진 단어입니다. 실제로 기업에서도 사내 전문 코치를 두고 있거나 외부의 기업전문 코치를 초빙해 기업의 업무성과나 목표 달성에서 탁월한 결과가 도출된 사례도 많이 있습니다. 일반인에게도 삶의 질을 높이고 목표를 달성하기 위한 라이프 코칭이 저변 확대되고 있는 추세입니다. 특히 미래사회에 잘 적응할 수 있도록 아이들의 사고력과 창의력 향상을 위한 교육적 코칭과 감정, 진로, 인성, 학습 등 다방면으로 필요성이 강조되고 있습니다.

특히 코칭에서 중요하게 생각하는 세 가지 코칭철학이 있습니다. '인간은 누구나 무한한 가능성을 가지고 있다', '해답은 자신 안에 있다', '코치는 해답을 이끌어내도록 도와주는 존재다'. 이 세 가지 철학은 코칭맘이 되고자 하는 엄마들도 마음 깊이 새겨야 할 원칙입니다. 이 기본적인 철학을 숙지해야만 아이와 엄마의 행복을 추구할 수 있습니다.

첫번째 '인간은 누구나 무한한 가능성을 가지고 있다'라는 말은 아이들의 가능성은 헤아릴 수 없이 크다는 뜻입니다. 물론 인간은 다른 동물과 달리 미성숙한 상태로 태어나기 때문에 어느 정도 스스로 할 수 있을 때까지는 부모의 도움이 필요합니다. 하지만 어느 정도 성장한 후부터는 부모의 무조건적인 도움보다는 자녀의 잠재력을 끌어내주는 코칭이 필요해집니다. 아직 아이가 어릴 때는 적절한 가르치기와 코칭이 조화롭게 배합되어야 한다는 것입니다.

두번째 '해답은 자신 안에 있다'라는 의미는 답이 이미 아이 안에 내재해 있다는 뜻입니다. 그렇기에 엄마가 일방적인 해답을 제시하는 것이 아니라 아이의 가능성을 믿고 코칭을 통해 아이 안에 있는 잠재력과 해결책을 끌어내도록 해야 합니다.

마지막으로 세번째 '코치는 해답을 이끌어내도록 도와주는 존재'라는 것은 코치나 코칭맘이란 아이가 스스로 해답을 이끌어내도록 도와주는 동반자 역할이라는 의미입니다. 엄마가 코칭을 통해 아이의 목표나 동기를 끌어내주면 아이는 스스로 지혜로운 해답을 찾을 수 있습니다. 아이 스스로가 해답을 찾았다면 엄마는 이 해답을 실행할 수 있도록 함께 뛰어주며 도와주는 역할을 하는 것입니다.

코칭맘이란 내 아이에게 코칭을 실시해 아이의 무한한 잠재력을 최대한 끌어내고 목표를 달성할 수 있도록 도와주는 엄마를 말합니다. 아이의 성장을 위해 다양한 코칭 기법으로 아이를 코치하는 엄마인 것입니다.

4차 산업혁명시대 나는 어떤 엄마일까

변화무쌍한 이 시대에 나는 어떤 엄마일까? 나는 이 시대에 우리 아이를 어떻게 교육해야 할까? 아직도 나 자신이 해온 것처럼 공부하고 사고하고 행동하며 그 시각으로 자녀를 교육하는 건 아닌지 점검해봐야 할 필요가 있습니다. 가장 먼저 엄마 자신이 어떻게 생각하고 어떻게 느끼고 행동하는지 성격부터 파악하는 것이 매우 중요합니다. 엄마의 양육 태도가 아이에게 미치는 영향이 그만큼 크기 때문입니다. 엄마 자신이 먼저 장단점을 파악하고 부정적인 모습을 바로잡아야 합니다. 시대가 변하고 자녀의 교육에 대한 가치관도 많이 변했습니다. 자녀 양육에 대한 다양한 정보와 강의를 통해 엄마들의 의식 수준도 점점 높아졌습니다. 미래사회를 대비하기 위해 아이를 창의성 있게 키우기 위해 우선 엄마의 양육 태도를 점검해봐야 합니다.

나는 내 아이를 미래사회가 원하는 창의성 인재로 키우고 있는 것인가? 아니면 내 기준대로 엄격하게 혹은 자유롭게 키우고 있나? 요즘 많은 엄마들이 이런 질문을 스스로에게 합니다. 그리고 나름 고민하고 있습니다. 그만큼 과거와는 달리 엄마들도 자녀 양육에 대한 마인드가 변한 것입니다.

모든 엄마는 처음에 누구나 초보입니다. 모두가 처음 아이를 낳고 키우며 숱한 시행착오를 겪기도 합니다. 그러니 실수도 많고 마음 아픈 경험도 많습니다. 요즘은 대부분의 가정이 자녀를 하나나 둘 두기 때문에 더 나은 교육으로 아이가 미래에 잘 적응하도록 키우기 위한 부모의 고민은 더 커질 수밖에 없습니다. 빠르게 변화하는 세상에서 지혜롭게 자녀를 교육하기 위해서는 새로운 기술과 지식이 필요합니다. 아이를 잘 키우기 위해 엄마 스스로 올바른 자기인식을 원하고 아이를 위해서도 더 나은 방법을 고민하는 엄마들에게 에니어그램은 좋은 대안이 될 것입니다.

저도 딸을 키울 때 사랑과 헌신으로 최선을 다한다면 좋은 엄마가 될 것이라 생각했습니다. 엄마인 제가 어떻게 딸을 키우느냐에 따라 자녀의 인성이 결정된다고 생각해 나름대로의 기준으로 밀어붙였습니다. 세월이 흘러 자녀와의 갈등이 있을 때도 엄마의 생각과 말이 맞으니 따르라고 강요하곤 했습니다. 그런데 조금씩 커가면서 딸이 자신의 생각을 표현하고 주장하는 것이었습니다. 물론 이론적으로 나와 아이가 다르다는 것을 알고 있지만. '너는 어리기 때문에 잘 몰라', '네 말은 틀린 거야', 그래서 엄마인 내 말을 들어야 된다고 생각한 것입니다. 심지어 당당하게 자기 생각을 주장하는 능력도 엄마인 제가 교육하는 것에 따라 결정된다고 생각했습니다.

엄마의 성격과 딸의 성향이 얼마나 다를 수 있는지를 에니어그램을 공부하면서야 알게 되었습니다. 적극적이고 외향적인 성격, 수줍음 많은 내향적인 성격, 공격적인 성격, 뒤로 한걸음 물러나는 성격, 수동적인 성격, 감수성이 예민하거나 둔감한 성격, 활발하고 모험심이 강한 성격, 걱정 많고 겁이 많은 성격 등 타고나는 기질이 강하다는 것을 알았습니다. 물론 엄마의 훈련에 영향을 받는 부분도 있겠지만, 그보다는 어느 정도 선천적으로 타고 난다고 알려져 있습니다. 따라서 아이의 성향을 파악해 미래형 맞춤식으로 교육하는 것이 중요합니다. 그러기 위해서는 우선 엄마가 어떻게 아이를 대하는지에 대한 것부터 알아야 합니다. 즉 엄마가 엄격한 기준으로 자녀 교육에 임하는지, 어지간한 일에는 눈감아주는지를 먼저 알아야 합니다. 엄마의 성격으로 인한 양육 태도가 아이에게 미치는 영향이 매우 크기 때문입니다.

아이의 성향에 맞추어 코칭한다

엄마의 성격이 다르듯 아이들의 성향도 각각 다릅니다. 예를 들어 예민한 자녀를 강압적으로 밀어붙이게 되면 부작용이 있습니다. 느린 아이에게는 자녀의 특성을 파악해 그에 걸맞은 교육을 해야 합니다. 무엇보다 아이의 성향을 알아야 합니다. 아이가 어떤 성향인지 파악하게 되면 아이의 타고난 재능과 부족한 점을 이해할 수 있고, 아이의 탁월성을 키우고 단점을 보완해줄 수 있습니다. 뿐만 아니라 감정 및 욕구를 파악하여 공부에 대한 코칭도 할 수 있으며, 친구들과 다른 사람들의 관계인 사회성 코칭도 할 수 있습니다.

  아이가 초등 고학년 이상이면 성향을 파악하기 위한 질문지를 스스로 체크해 볼 수 있습니다. 아이가 어리면 엄마가 세세하게 관찰해야 됩니다. 친구와는 어떻게 놀이를 하는지, 필요한 것이 있을 때는 엄마에게 어떻게 요구하는지를 관찰해야 합니다. 때론 선생님과의 상담을 통해 아이의 성향을 파악할 수도 있습니다. 여러 상황을 조합해 아이의 성향을 파악하고 살펴봐야 합니다.

아이를 키우다보면 예기치 않은 상황들이 한두 가지가 아닙니다. 나름 부모교육 강의도 듣고 육아서적을 통해 공부도 하지만 막상 현실에 부딪치면 당황하게 됩니다. 이론과 실제가 다르기 때문에 어찌할 바를 모를 때가 많습니다. 또한 엄마들이 내 아이에 대해 잘 안다 하더라도 한계가 있는 것은 분명합니다. 엄마들은 친정엄마의 도움이나 주변 경험자의 이야기를 많이 참고합니다. 요즘은 육아 카페들이 많아 이것저것 도움을 받기도 합니다. 누구나 처음 아이를 키워보기 때문에 다 배워야 하고 알아야 합니다. 물론 둘째아이라면 첫아이 양육 경험이 있어 조금은 낫지만 아이의 성향이 다 다르기 때문에 또다시 새로운 경험을 하게 되곤 합니다.

이 책에서는 아이들의 각 성향별 코칭법에 대해 다뤘습니다. 그런데 엄마들이 반드시 알아야 할 것은 아이를 어떤 성향이라고 단정해서는 안 된다는 점입니다. 아이들은 성격이 형성되어가는 단계이기 때문입니다. 또한 특정 성향의 아이라 할지라도 많은 부분에서 다른 성향에도 해당되는 요소들이 있으니 이 점도 참고하시기 바랍니다.

이 책에 나와 있는 다양한 사례들은 지극히 기본적인 상황들입니다.

실제로 아이를 키우다 보면 글에서와 같이 제대로 되지 않는 경우가 더 많습니다. 엄마들은 이 점을 기억하고 처음부터 너무 큰 목표를 잡지 말고 조금씩 성장한다고 생각해야 합니다.

책에 나온 사례를 보고 '왜 우리 아이는 이렇게 안 되는 거지?', '잘못된 것이 아닌가?' 하는 생각에 빠지는 것은 위험한 일입니다. 책에서 제시한 사례들은 가장 좋은 매뉴얼을 적어 놓은 것입니다. 실제로 현실에서는 아이에게 이야기해도 제대로 듣지 않을 때가 더 많을 것입니다. 그리고 엉뚱한 이야기를 하는 경우도 많겠지요. 분명한 것은 엄마가 인내를 갖고 아이를 있는 그대로 인정하면 아이도 엄마의 마음을 알아챌 수 있습니다. 인간은 나이와 상관없이 진실 앞에서 반응하기 때문입니다. 너무 조급한 마음만 갖지 않는다면 느리더라도 아이는 마음의 문을 열고 엄마와 소통이 가능합니다. 아이를 키우는 일은 인내와 기다림의 연속입니다. 진짜 육아는 기다림이 전부입니다.

에니어그램 코칭맘 제대로 이해하기

에니어그램이란 무엇인가

그리스어에서 비롯된 에니어그램(Enneagram)이라는 용어는 사람을 9가지 성격으로 나누는 성격유형 지표입니다. '아홉'이란 뜻의 에니어 (Ennea)와 점, 선, 도형을 뜻하는 그라모스(grammos)에서 나온 그램(gram)의 합성어로, 아홉 가지로 분류되는 인간의 성격유형과 각 유형들의 연관성을 표시한 기하학적 도형을 에니어그램이라고 합니다.

말하자면 에니어그램은 인간의 9가지 성격유형을 가리킵니다. 에니어그램의 정확한 기원은 밝혀지지 않았지만 그 역사는 수천 년 전으로 거슬러올라갑니다. 에니어그램 상징은 2500년 전 고대 피타고라스 시대까지 올라가 건축, 철학 등 여러 분야에 에니어그램 이론이 응용되었음이 발견되었습니다. 그 정도로 오랜 역사를 가지고 있다는 것이지요. 실로 아주 오래전부터 많은 사람들이 자신을 이해하는 도구로 에니어그램을 사용했습니다. 자신의 성장뿐만 아니라 다른 사람들을 이해하기 위한 지혜의 도구로도 적용해왔습니다.

　이렇게 오랜 역사를 가진 에니어그램은 동서양의 지혜와 현대 심리학이 접목되어 성격심리학으로 발전된 학문입니다. 현재는 전 세계에 퍼져 심리상담 및 코칭 영역뿐만 아니라 학교 인성교육, 노사관계, 인사관리, 비즈니스, 영적 수련 등 다양한 분야에 접목되고 있습니다. 에니어그램은 사람들 간의 서로 다른 동기를 연구함으로써 인간을 이해하도록 돕는 심리학적 도구로 심층적 연구를 통해 인간의 성격심리 분류 체계로 정리되고 발전되었습니다. 무엇보다 인간이 어떻게 생각하고 어떻게 느끼고 어떻게 행동하는지 그 특성들을 그대로 보여주기 때문에 에니어그램은 인간을 이해하는 데 유용한 도구가 되고 있습니다. 에니어그램이라는 도구를 통해 우리는 나와 다른 사람들을 이해하는 방법을 배울 수 있습니다.

　어느 정도 차이는 있지만 사람들은 에니어그램에서 가리키는 9가지 성격유형의 특성을 모두 갖고 태어납니다. 어른이 된 후에도 한 가지 유형으로 굳어지지 않고 좀 더 유연한 경우도 있습니다. 하지만 대부분의 사람들은 한 유형을 핵심 유형으로 갖게 됩니다. 그리고 점점 그 유형의 관점으로 세상을 보는 것에 익숙해집니다. 즉 각각의 성격유형을 가지고 자신만의 패턴으로 사고하고 느끼고 행동하는 것입니다. 이 성격특성은 살아가는 내내 다양한 곳에서 표출됩니다. 인간관계, 사회생활, 그리고 자녀교육에서도 그 성격특성이 나타납니다. 사랑하는 아이를 양육하고 교육하기 위해서는 가장 먼저 엄마가 자기인식을 바로 해야 합니다. 그리고 주의 깊고 조심스럽게 아이에게 접근한다면 에니어

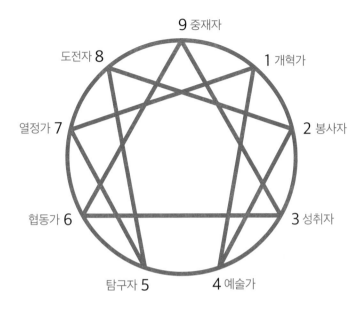

9 중재자

도전자 8

1 개혁가

열정가 7

2 봉사자

협동가 6

3 성취자

탐구자 5

4 예술가

그램이 여러 가지 면에서 좋은 도구가 될 수 있습니다.

에니어그램이 바라는 지점은 우리가 9가지 성격유형을 골고루 발전시켜 균형 잡힌 인간으로 거듭나는 것입니다. 에니어그램은 인간의 9가지 성격이해와 각 유형의 주된 문제점을 극복하게 도와주는 심리학적 도구로 성격을 넘어 변화와 성장이 가능하도록 도와주는 지도와도 같은 도구입니다.

에니어그램 코칭이란 무엇인가

인간 이해의 툴인 에니어그램을 이용한 코칭기법을 에니어그램 코칭이라고 말합니다. 먼저 9가지 성격유형의 장점과 단점을 잘 파악하고, 발전적으로 성장하려는 욕구를 코칭 도구를 통해 실현하도록 돕는 것입니다. 즉 에니어그램을 통해 9가지 유형 가운데서 자신의 유형을 찾았다면, 각각의 성격유형에 맞는 다양한 코칭 기법을 활용해 잠재력을 최대한 끌어냄으로써 목표를 이루도록 돕는 맞춤식 코칭이라고 할 수 있습니다.

에니어그램은 아이의 양육에도 적용할 수 있습니다. 아이의 성격유형을 알게 되면, 그 유형의 특성에 적절한 코칭으로 아이의 무한 잠재력을 이끌어내어 미래사회가 원하는 통합형 인재로 성장하도록 도울 수 있습니다. 그러기 위해선 무엇보다 아이의 성격유형을 파악하는 것이 중요합니다. 내 아이가 어떻게 사고하는지, 어떤 상황에서 어떠한 감정을 느끼는지, 그리고 어떻게 행동하는지에 따라 적절한 질문을 통해 자녀의 잠재력을 최대한 끌어내는 것이 중요합니다. 즉 에니어그램을 통해 자녀의 마음을 읽는다는 것은 엄마가 먼저 마음을 열어 자녀에게 스스로 문제해결을 할 수 있도록 코칭하는 것입니다.

시대가 변하고 환경이 변화함에 따라 엄마들의 모습도 다양해졌습니다. 과거에 엄마들은 다자녀와 여러 가지 경제적 상황에 따라 참으로 헌신과 희생을 해왔습니다. 하지만 요즘은 한두 자녀가 대부분이다 보니 아이에 대한 애정도 남다릅니다. 그래서 요즘 엄마들을 표현하는 신조어들도 많이 등장했죠. 헬리콥터맘, 맘충, 카페맘, 속사포맘 등등 신조어도 많습니다. 엄마의 성격이나 신념에 따라 행동하다 보니 자연스럽게 붙여진 이름들입니다. 엄마들이 아이의 성향을 무시하고 엄마 스

에니어그램 코칭맘

타일대로 교육하다보니 이런 별명이 생긴 것이지요.

에니어그램 코칭맘은 자신이 먼저 스스로의 성격유형을 파악해 자기 자신을 조절할 수 있습니다. 그리고 아이의 성향을 파악해 상호작용하며 코칭하는 엄마입니다. 엄마는 엄마의 강점대로 아이는 아이의 탁월성을 발휘하도록 코칭하는 것입니다. 이제는 내 아이의 성향을 파악해 아이에 맞게 교육하고 양육해야 합니다. 에니어그램은 성격이 어떻게 우리 삶의 방식에 영향을 끼치는지 이해하도록 돕는 심리학적 툴입니다. 뿐만 아니라 자녀 양육이라는 귀한 일을 하는 엄마들에게 알아차림 기술을 갖추도록 도와주는 도구이기도 합니다. 자녀교육 방식의 장점과 개선할 점이 무엇인지 의식하도록 도움을 주고, 내 아이의 잠재력은 키워주고 단점은 보완할 수 있는 지혜가 생깁니다. 이제 엄마들도 내 아이를 위해 에니어그램 코칭맘이 되었으면 합니다.

에니어그램 코칭맘은 지시나 통제가 아니라 질문과 경청으로 아이가 성장하도록 코칭합니다. 제4차 산업혁명 시대에는 창의성과 자기주도적 삶이 대세이기에 자녀 양육에 있어서도 코칭이 대세입니다. 질문을 통해 아이가 생각하는 능력을 키울 수 있기 때문입니다.

아이의 성향을 파악했다면 이제 아이의 말을 경청해야 합니다. 경청만 잘해도 문제의 상황을 파악할 수 있는 힌트를 얻습니다. 아이의 말속에 문제의 해결 포인트가 있기 때문입니다. 그다음은 공감입니다. 아이의 감정을 읽어주는 것만으로 이미 반은 성공한 셈입니다. 엄마가 무조건 '~구나' 하고 공감해주면 아이는 심리적 안정감과 이해받았다는 마음이 들기 때문에 이런저런 이야기를 할 수 있습니다. 공감받지 못한 아이는 마음의 상처를 받고 더 이상 말을 하지 않게 됩니다.

또한 이야기를 끌어내기 위해서는 열린 질문을 해야 합니다. '오늘 재미있었어?'라고 묻는 것은 '있다' 또는 '없다'라는 딱 두 가지 답밖에 나올 수 없기 때문에 닫힌 질문입니다. 열린 질문을 해야 합니다. '오늘 무슨 공부를 했어?' 이렇게 물어야 아이가 다음 이야기를 할 수 있습니다. 좋은 질문은 아이의 사고력과 창의력, 문제해결력을 키울 수 있습니다.

에니어그램은 다양한 성격을 가진 아이들의 성향에 따라 적절한 양육법을 가르쳐줍니다. 소심하고 예민한 자녀를 어떻게 양육해야 하는지, 자기주장이 강한 아이들은 어떻게 양육해야 하는지를 알려줄 수 있습니다.

자녀 교육에는 왕도가 없다는 것을 이제는 압니다. 우리 아이는 옆집 아이와 다르기 때문입니다. 내 아이의 성향에 따라 각각 그에 알맞게 접근해야 합니다. 즉 나의 자녀교육 스타일은 옆집 엄마의 스타일과 달라야 합니다.

예를 들어 1유형인 수민이 엄마는 무슨 일이든 아이들이 제대로 하기를 원합니다. 자기 물건을 챙기거나 책상을 정리정돈하는 등 항상 청결히 하라고 수시로 말합니다. 제대로 하지 않았을 경우에는 못마땅한 표정을 지으며 지적하면서 올바르게 해야 된다고 못을 박곤 하지요. 뿐만 아니라 수민이 엄마는 여러 가지로 아이의 행동이 맘에 들지 않는다고 불만을 드러냅니다. 반면 옆집 수현이 엄마는 9유형으로 매사 느긋하고 까탈스럽지 않은 성격입니다. 웬만하면 잔소리를 하지 않는 무던한 성격으로 어지간한 일은 그냥 지나치기 일쑤입니다. 이렇듯 엄마의

에니어그램 코칭맘

성격유형에 따라 가치관과 신념이 다르기 때문에 엄마가 먼저 자신의 성격을 파악해야 하는 이유입니다. 즉 9가지 성격유형으로 자기 자신의 성격을 아는 것이 우선입니다. 에니어그램은 인간 이해의 도구이기 때문에 엄마들이 자신을 알기에 적합하며 아이의 성향을 파악하는 데도 아주 유용하게 쓰입니다.

에니어그램 9가지 성격유형별 엄마 유형

8유형_열정과 자신감이 넘치는 영향력 있는 엄마
도전적인 성격으로 할 수 있다는 자신감이 충만하며 당당하게 추진하는 행동파입니다. 자기 신뢰와 확신으로 어떤 상황에서도 열정적으로 아이에게 긍정적인 동기부여를 할 수 있는 영향력 있는 엄마입니다. 아이를 잘 보호하고 적극 지원하는 엄마입니다.

9유형_안정감과 여유로움으로 수용적인 엄마
모든 사람과 평화롭게 잘 지내는 안정적인 성격입니다. 느긋하고 편안하게 아이들의 세계를 잘 이해하고 수용하는 너그러운 엄마입니다. 아이와 갈등 없이 조화롭게 잘 지내기 때문에 연결감과 안정감을 주고 믿고 기다려주는 편안한 엄마입니다.

1유형_원칙과 공정함으로 헌신하는 이상적인 엄마
원칙과 옳고 그름을 따지며 완벽을 추구하는 성격입니다. 아이를 위해 헌신적이며 노력하는 엄마로 부족함 없이 충족시켜주려는 엄마입니다. 공정한 자세로 아이들을 양육할 뿐만 아니라 도덕적이고 이상적인 역할을 하는 모범적인 엄마입니다.

2유형_사랑이 많고 관계가 좋은 대표 모델인 엄마
다른 사람에게 도움이 되고 도와주는 봉사자 성격입니다. 대표 엄마 모델로 아이를 헌신적으로 보살피는 엄마입니다. 아이의 필요 욕구를 빨리 알아챌 뿐만 아니라 아이와 끈끈한 관계형성을 잘하고 아낌없이 사랑과 칭찬을 보내는 엄마입니다.

3유형_능력있고 적극적인 롤모델형 엄마
성공과 성취가 목표인 열성적인 성격입니다. 자신의 성공뿐만 아니라 아이의 성공을 위해 적극적으로 지원해주는 엄마입니다. 아이들에게 롤모델인 엄마는 격려와 동기부여로 아이들이 다양한 영역에서 성공적 역할을 할 수 있도록 적극적으로 돕습니다.

4유형_예술적 감각과 공감능력 있는 매력적인 엄마
남과 다른 독특함과 고유한 정체성을 추구하는 성격입니다. 감수성이 풍부하고 매력적인 이 유형의 엄마는 아이들과 교감하고 공감하는 능력이 탁월합니다. 아이들이 행복하게 생활하도록 도울 뿐만 아니라 미적 감각과 창조성을 북돋아주는 창의적인 엄마입니다.

5유형_지적이며 차분하고 논리적이고 이성적인 엄마

지적 호기심이 강하고 지식을 추구하는 성격입니다. 논리적이고 이성적인 엄마는 아이들에게 합리적이고 사고력을 높여주는 교육을 합니다. 아는 것이 많고 현명한 유형으로 간섭을 최대한 자제하고 차분하고 조용하게 지켜봐주는 엄마입니다.

6유형_책임감이 강한 헌신과 노력형 엄마

성실하고 책임감 있으며 안전을 추구하는 성격입니다. 규칙과 질서를 잘 지키며 공동체에서 안전하게 잘 생활하도록 아이들을 꼼꼼하게 챙겨주는 엄마입니다. 착실하게 노력하고 미래를 계획하며 대비할 수 있도록 현명하게 교육하는 유형입니다.

7유형_즐겁고 재미있는 친구 같은 엄마

인생을 재미있고 즐겁게 살고 싶은 성격입니다. 아이들과 친구처럼 자연스럽고 편하게 잘 지냅니다. 격려와 칭찬을 통해 긍정적인 마인드를 갖도록 교육하며 다양한 경험을 하도록 기회 제공을 많이 하는 엄마입니다.

에니어그램 9가지 성격유형별 아이 유형

8유형_에너지가 많은 리더형 아이

자기주장이 강하고 도전적인 성향의 아이는 에너지가 많습니다. 자신감이 넘치고 할 수 있다는 의지력이 높으며, 친구들을 보호하고 이끄는 보스형 아이입니다.

9유형_느긋하고 온순한 평화형 아이
순하고 갈등 없이 누구와 잘 지내는 아이는 평화로움을 추구합니다. 잘 나서지 않으며 친구들과의 사이에서 중재 역할을 잘하는 무던한 아이입니다.

1유형_원칙적이고 완벽추구형 아이
착하고 올바른 것을 좋아하는 모범적인 아이는 자기가 할 일을 알아서 잘합니다. 부지런하고 꾸준히 노력하는 아이는 잘못된 것이 있으면 바로잡으려 합니다.

2유형_따뜻하고 친절한 도우미형 아이
상냥하고 친절하게 친구들을 잘 도와주는 아이는 인정이 많습니다. 친구에게 무엇이 필요한지 잘 알고 앞장서서 도와줍니다. 모든 친구들과 잘 지내는 아이입니다.

3유형_목표를 달성해내는 성취지향형 아이
열심히 노력하여 이루고 싶은 것을 성취하는 다재다능한 아이입니다. 친구들과 경쟁하기를 좋아하고 외적인 이미지에 관심이 많으며 칭찬받기를 좋아하는 아이입니다.

4유형_특별함을 추구하는 창조형 아이

내성적이고 감수성이 예민하여 감정 기복이 심한 아이입니다. 아름다움을 찾아내는 능력과 창조성이 뛰어난 아이는 친구들과 다른 자기만의 세계를 추구하는 아이입니다.

5유형_지적 호기심이 강한 탐구형 아이

혼자 조용히 책을 읽거나 골똘히 생각하기를 좋아하는 아이입니다. 궁금한 것이 있으면 왜 그런지 꼭 알고 싶어 하는 호기심이 많은 아이입니다.

6유형_성실하고 책임감이 강한 노력형 아이

성실하고 맡은 바 책임을 다하는 아이는 두려움이 많습니다. 걱정이 많아 전전긍긍할 때도 있지만 물어보기도 잘하는 신중한 아이입니다.

7유형_유쾌하고 다재다능한 모험형 아이

기발한 아이디어가 많고 유쾌하고 낙천적인 아이입니다. 다재다능하며 궁금한 것이 많아 새로운 것에 관심이 많은 아이로 차분하게 앉아 있기 힘들어하는 유형입니다.

아이의 성향 명칭과 번호에 대해

아이들의 9가지 에니어그램 성향을 파악할 때 각각의 유형에 리더형,

평화형 등의 명칭을 붙인 것을 보게 됩니다. 이런 이름은 각 유형의 특성을 표현한 것뿐입니다. 실제로는 그런 명칭보다 에니어그램 번호를 더 많이 사용하니 이름에 크게 연연하지 않도록 합니다. 번호는 중성을 띠기 때문에 아무런 편견 없이 각 유형을 쉽게 부를 수 있습니다. 아울러 아이들의 각 성향별 번호 순서는 아무 의미가 없으며, 숫자가 높은 성향이 낮은 성향보다 우월한 것도 아닙니다. 각각 서로 다른 개성이 있을 뿐 어떤 성격도 좋고 나쁨이 없습니다. 즉 9번이 3번보다 더 낮거나 못하지 않다는 말입니다.

이 책에는 9가지 성격유형 가운데 8유형 성향의 아이부터 설명해놓았습니다. 그 이유는 인간의 성격유형은 근원적 에너지를 어느 부분에 끌어 쓰느냐에 따라 크게 장형(8·9·1유형), 가슴형(2·3·4유형), 머리형(5·6·7유형)으로 나눠지므로 순서대로 설명한 것입니다. 생명력의 에너지를 얻는 원천을 힘의 중심이라고 말하는데, 이는 인간 삶의 중요한 문제를 해결하는 데 있어서 본능에 의존하면 장형, 감정에 의존하면 가슴형, 사고에 의존하면 머리형이라고 합니다.

장형(8·9·1유형)은 배에서 나오는 에너지를 통해 세상을 보고 해석하는 사람들로 자신의 힘과 의지로 주변상황이나 사람을 통제하려는 지배욕이 있습니다. 이들은 지배욕구가 충족되지 않으면 분노의 감정을 느낍니다. 가슴형(2·3·4유형)은 심장에서 나오는 에너지를 통해 세상을 보고 해석하는 사람들로 이미지에 관심이 많고 타인들에게 관심 받고 사랑받으려는 애욕이 있습니다. 이들은 애욕이 충족되지 않으면 수치심의 감정을 느낍니다. 머리형(5·6·7유형)은 뇌에서 나오는 에너지를 통해 세상을 보고 해석하는 사람들로 미래의 안전에 관심이 많고 세상 만물의 이치를 머리로 이해하여 그 의미를 찾으려는 명예욕이 있습니다. 이들은 명예욕구가 충족되지 않으면 두려움과 불안 감정을 느낍니다. 이렇게 장형, 가슴형, 머리형은 순서대로 다룬 것일 뿐 큰 의미는 없습니다.

내 아이를 어떻게 코칭할까

성향을 파악하는 것이 우선이다

내 아이에게 꼭 맞는 코칭을 하기 위해서는 무엇보다 아이의 성향을 파악해야 합니다. 이를 위해서는 아이를 관찰해야 하는데, 아이가 어떻게 말을 하는지, 어떻게 느끼는지, 어떻게 생활하는지 등을 세세하게 살펴봐야 합니다. 친구들과 놀 때나 무엇인가를 주장할 때는 어떻게 말하고 행동하는지도 유심히 보아야 합니다. 즉 아이들이 각 상황에서 어떻게 반응하는지, 자녀 스스로 자신의 삶을 어떻게 경험하는지를 관찰하는 것이죠. 엄마가 직접 관찰하는 것뿐만 아니라 학교 선생님이나 유치원 선생님과의 상담을 통해 아이의 성향을 알아볼 수도 있습니다. 친구들의 말을 들어보고 주변 사람들의 이야기를 참고하는 것도 엄마가 종합적으로 아이의 성향을 파악할 수 있는 좋은 방법입니다.

에니어그램을 통해 엄마가 자신의 성격유형을 파악하게 되면 아이의 다양한 행동을 좀 더 쉽게 관찰할 수 있습니다. 이때 주의할 점은 아이를 있는 그대로 수용하고 인정해야 한다는 것입니다. 모든 사람의 사고, 느낌, 행동 양식이 각각 다르게 표현되는 것처럼 아이에 대해서도 한 개인으로서의 독특한 성향을 인정하는 것입니다.

에니어그램이라는 매우 다양한 성격 체계를 통해 사람들의 소통방식이 어떻게 다른지를 알 수 있습니다. 또한 어떻게 비슷한지도 알 수 있게 되죠. 각 개인의 성격 특성을 보다 세세하게 이해하게 되면 다른 사람을 공감할 수 있습니다. 마음의 문을 열고 상대를 받아들일 수 있게 되는 거죠.

부록에 있는 〈아이의 관찰기록지〉에 아이의 행동습관이나 친구관계, 좋아하는 것, 잘하는 것 등을 관찰하여 가능한 자세하게 기록해보세요. 유치원과 학교 선생님 및 친구, 이웃, 다른 가족 등 다른 사람들이 말하는 아이의 행동 특성도 함께 적어주세요. 중간에 생각나는 것들은 그때그때 추가적으로 첨가하면 됩니다. 시간을 두고 아이에 대한 관찰 기록한 것을 종합하여 내 아이의 성향을 적어주세요. 이때 주의할 점은 엄마의 주관적인 태도로 판단하는 것은 금물이며, 최대한 객관적으로 아이를 관찰하기 바랍니다.

에니어그램은 사람의 성격을 크게 9가지로 나눕니다. 일반적으로 성인은 9가지 성격유형 중 하나를 자신의 성격유형으로 갖고 있습니다. 성인은 자신의 성격 안에서 생각하고 느끼고 행동합니다. 이러한 성격 특성들은 대부분 무의식적으로 나타납니다. 하지만 아이는 성인만큼 고착화되어 있지 않습니다. 물론 아이도 타고난 선천적 기질이 있지만 그럼에도 늘 새로운 방식으로 사고하고 느끼고 행동하려 합니다. 즉 아이들은 끊임없이 변화합니다. 많은 심리학자들은 어린 시절에 어느 정도 성격이 완성된다고 주장합니다. 성격은 선천적 성향과 후천적 양육환경에 따라 형성되기 때문에 부모의 양육환경이 매우 중요합니다. 성격은 출생하면서부터 부모의 영향을 받아 어린 시절에 어느 정도 완성된다는 것이 일반적인 의견입니다. 그렇다고 아동기 때나 사춘기 때에는 아무런 영향이 없다는 것은 아니죠. 보통 어린 시절에 대부분 형성되기에 많은 교육학자나 성격심리학자들이 아이의 어린 시절 교육이 중요하다고 강조하는 것입니다.

흔히 엄마의 성격유형에 따라 자신이 가치 있다고 생각하는 것을 아이에게 중요시 여기게 하거나 강조하게 됩니다. 또한 아이의 성향과 관계없이 엄마의 가치관에 따라 어떤 것을 무시하거나 간과하기도 합니다. 아이의 성향보다 엄마의 성격에 의해 결정된다는 것입니다. 즉 아이의 성향을 잘 이해하지 못하고 엄마 스스로의 성격을 이해하지 못하면 엄마의 가치관대로 아이를 키우기 십상이라는 것입니다. 그 때문에 많은 엄마와 자녀가 갈등을 일으키기도 합니다.

아이를 잘 양육하고 가르치기 위해서 엄마 자신을 아는 것이 중요하다는 점은 아무리 강조해도 부족하지 않습니다. 엄마가 자신의 성격유형을 알아가는 과정에 대한 정보는 졸고《엄마가 먼저 알아야 할 에니어그램》을 참고하면 도움이 될 것입니다.

아이의 성향을 파악할 때 주의할 점

에니어그램을 통해 아이를 관찰하다 보면 자연스럽게 아이의 성향을 발견할 수 있습니다. 하지만 아이의 유형을 찾는 데는 좀 신중해야 할 필요가 있습니다. 엄마의 고정관념이나 가치관으로 아이를 판단하는 오류를 범하기가 쉽기 때문입니다. 엄마의 성격유형에 따라 고정된 프레임으로 세상을 보려하기 때문에 자칫 내 아이도 객관적인 시각으로 보기보다는 주관적인 판단을 할 수 있습니다. 예를 들어 1유형 엄마는 매사를 옳고 그름으로 판단하기 때문에 아이의 행동이나 사고방식을 바라봄에 있어서도 아이의 타고난 성향을 있는 그대로 보기보다는 쉽사리 판단하려 할 수 있습니다. 즉 엄마의 고착화된 관념으로 아이를 판단하는 것을 경계해야 합니다.

또한 자녀의 유형을 찾는 데 집중하다 보면 나타나는 행동 특성을 보고 그 유형의 틀에 얽매여 고정관념을 갖게 될 수도 있습니다. 그렇게 되면 자녀를 인격체로 대하지 못하는 오류에 빠질 수 있습니다. 에니어그램으로 자녀의 내면을 읽는 작업은 매우 조심스럽게 접근해야 할 일입니다. 무엇보다 자녀를 어느 하나의 유형으로 규정하려고 해선 안 됩니다. 에니어그램으로 성격유형을 파악하는 것은 자녀가 지닌 성격 특성을 살펴 자녀의 욕구나 가치관 등을 이해하기 위한 과정일 뿐이라는 점을 늘 기억해야 합니다.

아이들도 선천적으로나 유전적으로 각각 기본 유형의 에너지를 갖

에니어그램 코칭맘

고 태어납니다. 하지만 성인보다 환경의 영향을 더 많이 받습니다. 많은 아동학자나 심리학자들은 어린 시절 주 양육자와의 상호작용을 통해 성격유형이 결정된다고 합니다. 성격특성은 출생 순서나 문화 등 다양한 외적 환경에도 영향을 받습니다. 아이들을 살펴보면 각 유형의 성격적 특성이 전형적인 형태로 드러나지 않는 경우가 많습니다. 아이 스스로 자신을 식별할 나이가 되어야 진짜 기본 유형이 확실히 드러나고 판단할 수 있게 된다는 것입니다.

따라서 아이에게 에니어그램을 적용할 경우에는 '몇 번 유형'이라고 단정해서 말하기보다는 '몇 번 유형 성향'이라고 유연하게 표현하는 것이 더 적절합니다. 아이 스스로 자신의 유형을 분별할 수 있는 나이가 되기까지는 조심하고 신중해야 한다는 뜻입니다. 특정 성향을 가지고 있는 아이에게 엄마들은 아이들의 자연스러운 성장 과정과 변화의 욕구를 존중해주어야 할 의무가 있습니다. 엄마의 주관대로 성급하게 아이의 성격유형을 규정하지 않아야 합니다. 대체로 '어떤 유형의 성향을 보인다' 또는 '어떤 유형에 가깝다' 하는 정도로 융통성 있게 생각해야 합니다. 아이는 부모의 사랑과 관심으로 얼마든지 좋은 성향으로 발전할 수 있기 때문입니다. 에니어그램을 통해 아이의 성격유형을 알아보고자 하는 것은 아이의 내적 동기와 욕구를 읽고 마음을 알아야 하기 때문입니다. 아이들은 그 어떤 도구로 규정지을 수 없는 귀하고 소중한 존재입니다. 그리고 그와 연관되어 있는 다른 성격유형들의 특성을 알아두는 것도 좋은 방법입니다.

아이 교육의 핵심은 기다림이다

우리는 누구나 행복하게 아이를 잘 키우고 싶습니다. 하지만 절대 조급함을 갖지 말아야 합니다. 아이의 성향을 파악해 맞춤식 육아를 하고 싶을 때도 엄마들에게 가장 필요한 것은 기다림입니다. 많은 엄마들이 좋은 것을 빨리 적용해 효과를 보고 싶어 하기 때문에 조급증이 생깁니다. 누구나 빠지기 쉬운 유혹입니다. 눈에 보이는 빠른 결과는 모든 엄마의 희망사항이지만 엄마의 기대나 생각만큼 척척 이뤄지지 않는다는 것은 너무나 잘 알고 있는 사실입니다. 더욱이 아이마다 받아들이는 것이 다르고 소화 흡수하는 정도가 다르기 때문에 일정한 기간마다 결과가 나타나는 것을 기대할 수는 없는 일이지요.

엄마들이 꼭 알아야 할 또 하나의 중요한 부분은 아이가 아직 준비되지 않았다면 충분히 받아들일 수 있을 만큼 시간을 주어야 한다는 점입니다. 한두 번 질문하고 한두 번 공감했다고 바로바로 효과가 나오는 것이 아닙니다. 미래사회가 원하는 창의융합형 인재는 하루아침에 키워지는 것이 아님을 명심해야 합니다. 아주 어릴 때부터 엄마가 코칭을 했다면 아이는 자연스럽게 받아들입니다. 그렇지 않았다면 엄마는 더욱 여유를 갖고 기다려줘야 합니다. 어떠한 행동이 우리 세포에 각인되어 자연스럽게 표출되려면 최소 2000번에서 1만 번의 경험이 필요하다고 합니다. 그러므로 처음부터 완벽하게 코칭하려는 욕심을 내려놓아야 합니다. 엄마가 빠른 효과를 얻기 위해 밀어붙이면 안 하니만 못한 결과가 나올 수도 있습니다.

에니어그램 코칭맘

자녀교육의 핵심은 기다림입니다. 몇 번 시도하고 생각만큼 결과가 좋지 않더라도 실망하거나 포기하지 말아야합니다. 자녀 교육은 기나긴 시간과의 싸움입니다. 에니어그램에서 아이의 성격유형을 파악하기 위해서도 많은 시간을 두고 관심 있게 자녀를 관찰하여야 합니다. 서두르지 말고 천천히 애정을 가지고 아이의 성격 성향을 관찰해야 합니다. 부록에 있는 〈아이의 관찰기록지〉에 세세하게 기록하면서 객관적으로 아이를 바라보도록 합니다. 그리고 〈에니어그램 유형 성향 진단지〉를 꼼꼼하게 읽으며 객관적으로 관찰한 것을 체크해볼 수 있습니다.

에니어그램은 각각 다르게 표현되는 사고, 느낌, 행동 양식에 대해 각 개인의 독특한 개성을 인정하는 것부터 출발합니다. 에니어그램이라는 매우 다양한 성격체계를 통해 많은 사람들의 소통방식이 어떻게 다르고 어떻게 비슷한지를 알 수 있습니다. 각 개인의 성격 특성을 보다 세세하게 이해하게 되면 다른 사람을 공감하는 데 큰 도움을 받을 수 있습니다. 마음을 문을 열고 상대를 받아들일 수 있게 되는 것입니다.

당연히 엄마의 성격과 다른 아이의 성향도 이해할 수 있습니다. 성격에는 좋고 나쁨이 없습니다. 어떤 성격은 좋고 어떤 성격은 나쁜 것이 아닙니다. 다만 성격에는 강점과 보완해야 할 점이 있죠. 아이의 성향을 파악하게 되면 강점을 이끌어내어 계발할 수 있습니다. 자신감 있고 행복하게 삶을 살아갈 수 있도록 도와줄 수 있는 셈이죠. 아이의 성향을 있는 그대로 인정하고 수용하는 것이 에니어그램의 핵심입니다. 자녀가 둘 이상인 가정에서는 아이마다 성격이 다르다는 것을 알게 됩니다. 에니어그램은 각각 다른 성향과 재능을 인정하고, 자신의 재능에 감사하는 법을 알려줍니다. 또한 다른 사람의 재능에 대해서도 인정할 수 있도록 돕습니다.

에니어그램은 자녀의 행동이 엄마의 기대와 자신의 기대에 크게 못 미친다고 느끼는 좌절감에서도 어느 정도 벗어날 수 있도록 지혜를 줍니다.

코칭의 기본은 아이의 말 들어주기

코칭을 하는 자세에서 기본 중의 기본은 잘 들어주는 것입니다. 듣기는 코칭에서만 중요한 것이 아니죠. 듣기, 즉 경청은 모든 인간관계에 있어서도 가장 중요한 기본입니다. 잘 듣는 것은 아이와의 관계뿐만 아니라 다양한 인간관계 또는 비즈니스 등에서도 아주 중요합니다. 많은 엄마들이 아이의 자존감이 높기를 원하면서도 정작 자신이 아이의 말을 지나치거나 건성으로 생각하는 경우가 종종 있습니다.

진정성 있게 듣는다는 것은 아이가 하는 말을 그냥 듣는 것이 아닙니다. 마음을 열고 아이가 무슨 의도로 말을 하는지 진심으로 알아들으려고 하는 것을 뜻합니다. 아이가 말할 때는 중간에 가로채지 않아야 하고, 자신의 의견과 다르더라도 쉽게 묵살하거나 무시하면 안 됩니다. 마음을 열고 존중하는 태도로 아이가 말하고자 하는 바를 알아들으려고 노력하면 아이는 자신의 마음을 알아주고 있다고 느끼게 됩니다. 이렇게 잘 들어주는 것만으로도 아이들은 자신이 사랑 속에 관심과 인정

에니어그램 코칭맘

을 받고 있다는 생각을 하게 됩니다. 자존감이 높아지는 것은 당연한 일입니다.

하지만 듣는 데도 제대로 잘 듣는 기술이 필요합니다. 엄마가 아무리 옳은 것을 말해도 아이가 문을 닫을 때가 있습니다. 아이가 엄마 말을 듣지 않고 무시하는 것입니다. 이럴 때면 엄마도 절망에 빠지고 아이와 갈등이 시작됩니다. 아이가 엄마 말을 듣게 하기 위해서는 어떻게 해야 할까요? 이럴 때는 한걸음 물러나 곰곰이 생각을 해봐야 합니다. 아이의 말을 들어주기보다는 엄마가 일방적으로 요구를 했던 것은 아닌지 살펴보아야 합니다.

아이는 엄마가 듣는 척하면 다 알아차립니다. 엄마의 표정과 목소리 톤, 그리고 엄마의 작은 행동을 보고 자신의 말을 듣지 않고 있다는 것을 아는 것입니다. 아무리 어린아이라도 민감하게 느낄 수 있고 예리하게 볼 수 있기 때문입니다. 이 점을 꼭 기억하는 것이 좋습니다. 엄마는 아이가 자신의 말을 잘 듣고 있다고 느끼게 만들어야 합니다.

이를 위해서는 아이와 이야기할 때 엄마와 아이가 마주보는 자세여야 합니다. 몸은 다른 방향을 향한 채 고개만 아이 쪽으로 돌린다면 아이는 온전히 엄마가 자신에게 집중하지 않는다고 느끼게 됩니다. 아이의 눈높이에 맞춰 아이와 마주보는 자세여야 합니다. 또한 아이의 눈을 보고 말을 해야 됩니다. 물론 다른 사람들과 이야기할 때도 마찬가지입니다. 상대가 나의 눈을 보지 않고 다른 곳을 바라보며 이야기할 때 사람들은 자신에게 관심이 없다고 생각하기도 합니다. 눈은 마음의 창이라는 말이 있습니다. 아이와 대화할 때는 반드시 눈을 마주치며 말하는 것이 좋습니다.

다음으로는 아이가 하는 말에 반응을 해주는 것입니다. 아이가 말할 때 중간중간 고개를 끄덕이거나 맞장구를 쳐주면 아이는 내 이야기를 잘 듣고 있다고 느낍니다. 고개를 끄덕이면서 지속적으로 반응을 할 때 아이는 엄마가 잘 듣는다고 생각해 자신의 속이야기를 하게 됩니다. 여기서 아이의 말을 반복해주면 아이는 더 신나서 속마음을 털어놓는 몇 배의 효과를 볼 수 있습니다. 반면에 엄마가 무의식적으로 팔짱을 끼고 듣거나 얼굴을 찡그린다면 아이는 실망해 말문을 닫을 것입니다.

아이의 이야기를 부드러운 표정과 진지한 자세로 눈을 마주보며 맞장구치면서 경청하는 것이 포인트입니다. 이렇게 진심을 다해 온몸과 마음으로 자녀의 말에 귀 기울이다 보면 자연스럽게 아이가 자신의 생각이나 느낌 등을 표현하게 됩니다. 잘 들어주는 것만으로도 아이의 생각이 정리되고, 감정 표현을 함으로써 스트레스를 해소하는 경우도 많습니다. 아이가 말을 하면서 스스로도 정리되기 때문에 그동안의 문제가 해결되는 일석이조의 효과도 있습니다. 즉 그 속에 답이 있다는 이야기입니다. 코칭이든 아이와의 관계든 인간관계든 진실하게 경청하는 것이 기본 중의 기본입니다.

마음을 읽어주는 무조건적인 공감

요즘 많은 엄마들은 육아서적을 읽거나 강연이나 부모교육 프로그램을 통해 아이와의 공감이 중요하다는 것을 이미 다 알고 있습니다. 하지만 아이와 공감을 잘하고 있는지를 물으면 선뜻 답하기를 주저합니다. 그만큼 공감한다는 것이 어렵기 때문입니다. 공감이란 자신의 생각이나 입장이 아니라 상대방의 입장에 서서 생각하고 느끼고 말하는 것입니다. 또한 상대가 자신을 충분하게 표현했다고 생각하고 이해받았다고 느낄 수 있도록 해주는 것이죠. 아이들은 나이가 어릴수록 감정을 능숙하게 표현하지 못할 때가 있습니다.

어느 날 아이가 시무룩한 표정으로 '엄마 유치원 가기 싫어'라고 말합니다. 이럴 때 유치원은 매일 가야 된다는 고정관념이 앞서 아이의 마음을 무시한 채 '가야 돼'라고 쉽게 말하지 말고 가기 싫은 아이의 마음을 읽어줘야 합니다.

"민주가 유치원 가기 싫구나."

"엄마가 네 마음을 몰라줘서 미안해. 엄마는 네 편이야."

"왜 유치원에 가기 싫은지 민주가 말하고 싶을 때 엄마한테 얘기해줄래?"

이렇게 엄마는 아이의 마음을 읽어줘야 합니다. 자신이 이해되었다고 느끼면 아이도 마음을 정리해 다시 시작할 수 있는 힘이 생깁니다. 어떠한 상황이라도 엄마는 아이의 감정을 먼저 읽어주는 것이 핵심입니다.

친구와 놀면서 아이가 친구를 때렸을 때

엄마: 민주야, 친구를 때리면 안 돼! 친구가 먼저 밀쳐서 속상했지? 하
　　지만 친구를 때리면 안 된단다!

아이가 친구에게 폭력을 행사한다면 엄마는 '친구를 때리면 안 돼'라
고 단호하게 말합니다. 하지만 이 말만 하면 안 됩니다. 아이가 친구를
때린 이유를 먼저 공감해주고 반드시 안 된다고 말을 해야 합니다. 즉
전달하고자 하는 말을 먼저 해줍니다. 그리고 곧바로 공감해주고 다시
한 번 명확하게 반복해서 아이에게 말을 해야 합니다.

다른 친구가 순서를 지키지 않았을 때

엄마: 우리 민주가 먼저 와서 그네를 타려고 기다렸는데, 순서를 지키
　　지 않은 친구가 밀치고 먼저 가서 속상했겠구나.

순서를 지키지 않은 친구 때문에 속상해하는 아이에게 그저 '속상했
겠구나' 하고 공감하는 것보다는 좀 더 나아가 속상해하는 원인을 살펴
서 공감해주는 것이 좋습니다.

이렇게 좀 더 구체적으로 아이의 감정을 읽어주고 공감해준다면 속
상한 감정이 바로바로 해소되어 아이에게 부정적인 감정이 남지 않습
니다.

질문이 핵심이다

코칭은 아이가 스스로 문제해결을 하고 자립심을 기르도록 돕는 지속적 관계입니다. 코칭에서 질문은 아이 안에 있는 무한 가능성을 끄집어내는 도구로 스스로 살아갈 힘을 길러줍니다. 코칭의 질문은 엄마와 아이가 친밀한 관계로 라포(rapport)를 형성함으로써 믿음과 신뢰를 쌓는 것이 우선입니다. 생각과 느낌을 자유롭게 펼치도록 안정되고 편안한 환경을 제공해주면 아이는 엄마의 질문을 통해 스스로 생각하며 자신만의 해법을 발견하려 합니다. 엄마나 다른 사람에게 의존하지 않고 자기 스스로 끄집어낸 답에 대해 아이는 책임감을 느끼게 되고, 그로 인해 자발적인 행동으로 자연스럽게 이어집니다. 이러한 자발적인 행동은 자신감과 자존감을 키워주고 아이의 내적 에너지를 샘솟게 합니다. 따라서 엄마는 아이의 성장과 자립심을 촉진하는 질문 포인트를 아는 것이 중요합니다. 엄마의 코칭 질문으로 아이의 사고력과 창의성을 키워줄 수 있기 때문입니다.

창의성이란 독특한 생각입니다. 많은 사람들이 창의성을 외치지만 일방적으로 지시하고 이미 답이 정해진 현재의 교육에서는 이를 찾기가 매우 어렵습니다. '그래서? 왜?' '무엇 때문에?'라는 코칭 질문으로 창의성을 키워야 합니다. 질문은 문제해결능력 또한 키울 수 있습니다. 우리 삶에는 정해진 답이 없습니다. 삶의 여러 가지 문제에도 이미 정해진 답만 있는 것이 아닙니다. 아이들이 앞으로 세계에 나가 꿈을 펼칠 때에는 지금까지 학교나 가정에서의 생활과 다르게 시시각각으로 많은 문제에 부딪치게 됩니다. 어려서부터 자발적인 질문으로 문제해결 능력을 키운 아이들은 축적된 힘으로 돌발 상황에도 당황하지 않고 스스로 상황을 해결해나갈 수 있습니다. 아이들이 접하게 되는 상황에 창의적인 사고로 잘 대처할 수 있도록 힘을 키워줘야 합니다.

물론 이제는 많은 엄마들이 창의성을 키우기 위해 질문이 중요하다는 것을 상식적으로 알고 있습니다. 질문은 여러 가지 역할을 합니다. 상대의 생각을 도출하기도 하고, 자신의 의견이 옳은지 확인하는 역할도 합니다. 또 상대의 동의를 구하거나 대답을 구할 때, 상대의 의견을 물을 때도 다양한 방식의 질문을 통해 자신이 원하고 목표한 바를 얻을 수 있습니다. 아래에는 열린 질문과 닫힌 질문이라는 두 종류 질문이 있습니다.

- 첫번째 질문: 연필을 챙겼니? 숙제 다했니? 학원 다녀왔어?
- 두번째 질문: 어떤 색을 좋아하니? 오늘 수업 때 어떤 질문을 했니? 수학 진도는 어디쯤 나갔어?

첫번째 질문은 아이가 깊게 생각하지 않아도 바로 대답할 수 있습니다. '예' 또는 '아니오'라는 대답만 가능하기 때문입니다. 이런 질문을 닫힌 질문이라고 합니다.

하지만 두번째 질문에서는 아이가 대답하기 전에 무슨 색을 좋아하는지, 오늘 수업시간에 무엇을 질문했는지 등을 생각하게 됩니다. 단순

에니어그램 코칭맘

하게 '예' 또는 '아니오'만으로는 대답이 되지 않고 자신의 생각을 이야기해야 하는 열린 질문인 것입니다.

많은 엄마들이 무심코 아이들에게 하는 질문이 과연 어떤 형태인지 한번 생각해봐야 합니다. 대부분 엄마들의 질문은 '숙제했어?' '문제집 풀었어?' '선생님 말씀 잘 들었어?' '양치질했니?' '손 씻었어?' 등 아이들이 '예'나 '아니오'로 대답할 수 있는 질문이거나 아이를 다그치는듯 한 질문들입니다.

아이가 답을 생각할 수 있는 질문을 해야겠다고 마음먹지만 막상 현실에서 질문하려면 자꾸 입에서 맴맴 돌기만 합니다. 처음에는 어색하고 자연스럽게 나오지 않지만 아이가 사고할 수 있는 능력을 키우기 위해서라도 엄마들이 열린 질문을 연습해야 합니다.

상황과 연령에 따라 아이가 자유롭게 생각하고 답을 할 수 있도록 구체적인 질문을 해야 합니다. 이러한 질문은 아이들의 사고력과 문제해결력 등을 한결 성장시킵니다. '뭐할 때가 재미있어?' '미술이 왜 재미있어?' '어떻게 활동했는데?' 하는 식으로 계속 묻다 보면 아이의 사고가 확장되어 좀 더 구체적인 아이디어도 끌어낼 수 있기 때문입니다.

특히 세 가지 질문 기법(What, Why, How)으로 묻는 것이 좋습니다. 첫 번째 질문 기법은 What에 해당하는 질문으로 '무엇이? 어떤?' 등을 사용해 질문하는 것입니다. 예를 들면 '무엇을 갖고 싶니?', '어떤 것이 궁금하니?', '무엇 때문에 하고 싶은 거니?' 같은 경우입니다. 두번째는 Why에 해당하는 것으로 '왜', '어째서'를 묻는데, '왜 그렇게 생각하니?', '왜 그런 말을 했니?', '어째서 그런 행동을 했을까?' 같은 경우입니다. 마지막 세번째는 How에 해당하는 것으로 '어떻게, 어떻게 해서' 등을 묻는데, '어떻게 하면 될까?', '어떻게 해야지 해결할 수 있을까?' 등입니다.

이 세 가지 질문 기법은 아이가 깊게 생각하여 사고를 확장시키도록 합니다. 이 기법들을 잘 활용해 질문하는 것만으로도 아이의 상상력과 사고력, 발상을 넓히고 기발한 아이디어를 끌어내는 데 아주 유용한 도구가 될 수 있습니다. 질문을 잘 하는 것으로도 아이가 문제의 답을 스스로 찾을 수 있기 때문입니다.

긍정의 에너지가 긍정의 결과를 만들어낸다는 말은 많이 들었습니다. 아이가 매사를 긍정적으로 생각하면 행복한 삶에 한결 가까워질 수 있습니다. 뿐만 아니라 긍정적 사고는 어떤 어려운 상황이 닥치더라도 긍정의 가능성을 보기 때문에 쉽게 좌절하지 않습니다. 물론 좌절을 하더라도 금방 회복하고 어지간한 일에는 꿋꿋하게 버티는 힘을 얻기도 하죠. 이를 위해 엄마가 모든 일을 긍정적으로 생각할 수 있는 질문들을 잘 활용할 것을 권합니다.

예를 들어 '어떻게 하면 순조롭게 해결될까?' '기분이 좋아 보이는데 기쁜 일이 있었어?' 같은 식으로 아이에게 긍정질문을 하면 아이는 좋은 해결법을 찾거나 오늘 있었던 좋은 일에 대해 다시 한 번 생각해보게 됩니다. 아이는 곰곰이 생각하며 '맞아, 오늘 친구를 도와주고 고맙다는 말을 들었어'라거나 '수민이랑 재미있는 놀이를 했어' 등 긍정적인 일을 떠올립니다. 그러다 보면 엄마와 아이가 웃으면서 유쾌하고 즐거운 대화를 나눌 수 있게 되겠죠. 오늘이 즐겁고 이 순간의 삶을 행복하다고 느끼는 것이 현존입니다. 엄마 자신과 아이가 지금 이 순간의 행복을 느끼게 할 만큼 엄마가 던지는 긍정 질문의 힘은 위대합니다.

무엇이든 아이에게 칭찬하기

칭찬은 아이가 무엇을 시도하여 성취했을 때 바로, 구체적으로 축하해주는 것입니다. 아이가 무엇을 시도하여 얻은 결과물이 크든 작든 격려와 지지, 칭찬을 해주는 것이 매우 중요합니다. 아이는 엄마에게 인정받았다는 경험을 또다시 갖고 싶은 마음에 적극적으로 시도하게 됩니다. 이때는 아이의 눈높이에서 구체적으로 칭찬해주는 것이 포인트입니다. '잘했구나'라는 말보다는 '와 이렇게 날개를 다니 하늘을 훨훨 날아갈 수 있겠구나. 어떻게 이런 생각을 했니? 대단하구나'라고 구체적으로 콕 집어서 칭찬해주는 것이 좋습니다. 자신의 든든한 후원군인 엄마로부터 이렇게 직접적으로 칭찬을 듣게 되면 아이들은 자신감이 상승합니다. 도전한 결과물이 성과가 있든 없든 노력한 것에 대한 칭찬을 해주는 것이 매우 중요합니다.

결과물이 없거나 초라한 경우 또는 실패한 경우라도 노력한 과정을 칭찬해준다면 아이는 세상을 살아가면서 어려운 상황을 겪어도 이겨낼 수 있는 내면의 힘을 쌓게 됩니다. 엄마의 적극적인 지지와 격려가 아이에게는 도전할 힘과 용기를 주기 때문입니다. 비록 별 성과가 없다 해도 다양한 시도를 하다 보면 미처 발견하지 못했던 재능과 잠재력을 찾을 수도 있습니다. 세상은 도전하는 사람들 것이라는 말이 있습니다. 두려움 없이 적극적으로 도전하는 사람만이 원하는 것을 얻을 수 있습니다.

바로 할 수 있는 아주 쉬운 칭찬
· 엄마하고 한 약속을 잘 지켜주니 엄마는 무척 행복하단다.
· 오늘 기분 좋아 보이네. 무슨 좋은 일 있었어?
· 샤워하니까 얼굴이 뽀얗고 예뻐 보인다.
· 오늘 청소하는 것 도와줘서 정말 고마워.

좀 더 구체적인 칭찬
· 오늘 책장 정리를 종류별로 잘 한 걸 보니까 엄마가 정말 기쁘구나.
· 비행기 날개와 창문을 세세하게 잘 표현했구나. 실제 비행기 같아.
· 고기도 먹고 야채 반찬도 골고루 먹으니까 더 씩씩하고 건강해지겠구나.

과정을 중시한 칭찬
· 매일 매일 열심히 연습하더니 바이올린 켜는 실력이 이렇게 좋아졌구나.
· 수학 100점 받았구나. 지난주부터 열심히 문제 풀면서 노력했다는 것이 자랑스러워. 이제 노력하면 좋은 결과를 얻을 수 있다는 걸 너도 알게 되었구나.
· 네가 이 문제를 잘 분석하는 것을 보니 얼마나 노력했는지 알겠구나.

에니어그램 코칭맘

아이를 움직이게 만드는 피드백 기법

아이가 긍정적이고 발전적으로 변화하기를 원할 때 엄마들은 어떻게 해야 할까요? 아이에게 상처를 주지 않고 엄마가 하고 싶은 말을 할 수 있는 소통법이 있습니다. 엄마가 일관성을 갖고 아이의 변화를 위해 시도하는 의사소통법으로 코칭에서는 피드백 기법이라고 합니다. 즉 변화하기를 원하는 메시지를 아이가 쉽게 받아들일 수 있게 전달하는 방법입니다. 무엇보다 엄마의 지혜로운 행동과 판단이 우선되어야 아이의 잘못이 무엇인지 깨닫고 긍정적인 행동 변화를 할 수 있도록 코칭할 수 있습니다. 다 겪어서 아는 일이지만 매를 들고 야단을 치거나 아이가 두려워하는 것으로 협박을 한다고 해서 아이가 달라지지 않습니다. 반대로 온갖 좋은 말로 아이를 구슬린다고 해도 잠시는 변한 것 같지만 금방 예전과 같은 행동을 하기도 합니다. 이때 아이를 움직이게 하는 방법은 아이가 자연스럽게 가슴으로 받아들이도록 엄마의 메시지를 전달하는 것입니다.

예를 들어 핸드폰 게임을 안 하겠다고 한 약속을 어겼을 때 우리는 흔히 '어째서 넌 이 모양이야?' '넌 왜 이렇게 약속을 안 지켜'라고 말합니다. 이렇게 말하면 아이는 잘못한 것을 알면서도 마음의 상처를 받습니다. 이럴 때 먼저 아이와 이야기 나눌 수 있는지 묻고, 대화할 수 있을 때 '엄마랑 한 약속을 지켜주지 않아서 엄마는 정말 슬퍼. 이대로라면 약속한 대로 엄마가 네 핸드폰을 보관해야 되겠구나'라고 엄마의 감정을 담아 나 전달법(I-message)으로 말합니다. 그러면 아이도 엄마가 속상해하는 마음을 이해할 수 있기 때문에 개선할 수 있습니다. 나 전달법으로 엄마의 마음을 아이에게 표현하면 아이의 가슴에 훨씬 쉽게 다가가서 마음의 문을 열기 쉽다는 것입니다.

칭찬뿐만 아니라 아이에게 야단칠 때도 피드백 기법을 사용해보면 아이가 상처를 한결 덜 받습니다.

사례_시험 기간인데도 게임만 할 때 피드백 기법

엄마: 엄마랑 잠깐 이야기 좀 할 수 있어?

아이: 네.

엄마: 엄마가 요 며칠 지켜보았는데 매번 게임을 하는구나. 시험기간인
　　데도 계속 게임만 하니 엄마는 몹시 불안해. 게임은 시험 끝난 뒤에
　　하면 어떨까 생각하는데 지금까지 엄마가 말한 것을 어떻게 생각해?

아이: 알겠어요.

엄마들이 어떻게 전달하느냐에 따라 아이가 받아들이는 것은 다릅니다. 어떤 말을 하고 싶을 때 아이에게 그 행동이 미치게 되는 영향을 언급하는 피드백 기법을 해보기 바랍니다. 우선 아이와 대화를 할 수 있는지 물어야 합니다. 그리고 매번 게임을 하는 행동 등에 대해 구체적으로 언급하고 그 행동이 미치게 되는 영향도 언급합니다. 엄마가 바라는 모습이나 바람직한 결과 등을 말하고 마지막으로 아이에게 어떻게 생각하는지 되물어주는 것이 포인트입니다.

물론 처음 시도할 때는 대화가 잘 되지 않습니다. 딸에게 처음으로

대화를 시도했을 때가 생각납니다. 아이가 계속 핸드폰 게임을 하기에 "소현아 엄마랑 얘기 좀 할까?" 그랬더니, "나중에요."라는 대답이 돌아왔습니다. 당장이라도 '핸드폰 그만해'라고 말하고 싶었지만 그렇게 말해봤자 아이와 갈등만 생길 것이라고 생각해 조용히 물러섰습니다. 피드백에서 이 부분이 중요합니다. 대부분 엄마들은 하고 싶은 말이 있으면 아이의 상황이나 의사와 관계없이 엄마 할 말만 합니다. 갈등은 여기서부터 시작됩니다.

아이가 얘기하는 걸 원하지 않는다면 엄마는 미련을 버리고 잠시 물러서야 합니다. 원치 않는다고 했는데도 이를 무시하고 계속 대화를 시도하려고 들면 오히려 반발심만 생기는 역효과가 납니다. 아이에게 처음으로 대화를 시도했던 그때 나중에 하자는 딸의 말대로 다음날 다시 시도해 대화를 했습니다. 물론 처음부터 완벽하게 피드백하고 아이도 흔쾌히 받아들이는 일은 별로 없습니다. 하지만 누구든 처음부터 잘하는 사람은 없습니다. 한두 번 시도했다가 안 된다고 실망하지 말고 꾸준히 노력하며 시도해보기를 권합니다.

Part

2

내 아 이 의

성향에 꼭 맞는

맞 춤 식 코 칭

8유형_에너지가 많은 리더형 아이

당당하고 진취적인 행동파 아이

무엇을 원하든지 자신의 목표가 있으면 그 목표를 향해 한 방향으로 열심히 달려 나아갑니다. 크고 작은 일을 진행하다가 장애물을 만나도 쉽게 좌절하지 않고 굳세게 맞서서 열심히 도전합니다. 어지간한 일이나 상황이 벌어져도 꿈쩍도 하지 않는 배짱이 두둑하고 대범한 아이입니다. 적극적으로 추진하기 때문에 강하고 힘차 보이는데, 이것은 연약한 것이 싫어 힘센 사람으로 보이고 싶은 욕구 때문이기도 합니다.

8유형 성향의 아이는 에너지가 넘치므로 활동적인 놀이를 하면서 신나게 뛰어놀고 싶어 합니다. 마음껏 에너지를 발산하지 못하면 매우 속상해합니다. 이때 아이가 힘들어하지 않으면서 마음껏 에너지를 발산할 수 있도록 엄마가 도와줘야 합니다. 적절한 운동이나 놀이를 함으로써 에너지를 조절할 수 있습니다. 열심히 놀고, 맘만 먹으면 공부도 열심히 하는 아이입니다.

이 유형의 아이는 친구 관계에서도 함께 있어주면서 자연스럽게 이끌고 주도하는 지도자 스타일입니다. 자신이 주도적으로 끌어나갈 때 누군가 방해하면 참을 수 없어합니다. 친구들과 그룹을 만들고 리더가 되기를 좋아합니다. 골목대장처럼 앞에서 진두지휘하고 싶어 하는 것이지요. 동물이나 친구들을 지켜주거나 약한 사람들을 방어해주면서 보호하려는 성향이 강한 아이입니다. 약한 친구 옆에 있어주거나 함께 동행해줌으로써 친구에게 힘을 실어주기도 합니다. 또한 친구가 부당한 대우를 받는다면 친구를 대신해서 강력하게 대응하기도 합니다. 그러나 자신의 주장이 너무 강해서 친구들이 다른 주장을 하거나 자신의 뜻에 따르지 않을 때는 앙갚음을 하는 경우도 있습니다. 늘 강하게 나가기 때문에 본의 아니게 불필요한 적을 만들 수도 있습니다. 이러한 요소가 권위적이거나 공평하지 못한 것을 참지 못해 저항하거나 따지는 행동으로 표현되기도 합니다.

아이의 이러한 태도에 대해 혼내거나 통제하려 들면 더욱더 고집스럽게 반항적인 행동을 할 수 있으므로 자녀의 독립성을 인정해주고 믿고 기다려야 합니다. 이 유형의 아이들은 어떤 것이든 자신의 의지대로 스스로 결정하고 싶어 하기 때문입니다. 명령하거나 지시하는 대상이 엄마라고 해도 그런 태도에 반항할 수 있으므로 아이의 근본 욕구를 읽고 인정해줘야 합니다. 무엇보다 자녀의 감정을 먼저 읽어주는 자세가 필요합니다. 8유형 성향의 아이는 겉으로는 강하고 세보이려 하지만 특히 상처받기 쉬운 연약한 내면을 갖고 있습니다. 그 때문에 엄마는 믿고 기다려주어야 합니다. 그러면 아이는 엄마를 믿고 신뢰하고 존경하게 될 것입니다.

에니어그램 코칭맘

8유형 성향 아이의 강점

· 에너지가 많고 자신감이 넘칩니다.

· 결단력과 강한 의지로 추진력이 강합니다.

· 자신의 영역에 있는 사람들을 지켜주고 보호합니다.

· 카리스마 넘치는 강한 리더십으로 영향력 있는 리더입니다.

· 마음먹은 뜻을 굽히지 않고 당당히 주장하며 관철하는 힘이 있습
  니다.

· 열정적이고 한다고 하면 하는 행동파입니다.

· 솔직함과 독립적이고 주체적인 당당함이 있습니다.

8유형 성향 아이의 보완점

· 공격적이고 반항적입니다.

· 통제하고 지시적입니다.

· 약함을 드러내지 않으며 이를 경멸합니다.

· 타인에 대한 배려가 부족합니다.

· 자기과시적입니다.

공부 코칭 처방전

8유형 성향의 아이는 모든 일을 스스로 결정하고 자신의 의지대로 행동하는 스타일이기 때문에 엄마가 강압적으로 지시하면 안 됩니다. 누군가에게 통제당하는 것은 약하기 때문이라고 생각하기에 거칠게 반항합니다. 이 성향의 아이들은 마음만 먹으면 엄마의 지시 없이도 잘 할 수

있습니다. 배우고 익혀서 공부를 잘하는 것이 자신에게 힘이 된다고 생각하면 놀라운 집중력과 행동력을 발휘합니다. 공부할 때도 큰 그림을 그리고 한눈에 익히기 때문에 맘만 먹으면 커다란 결과물을 내놓습니다. 직관력이 뛰어나 이거다 싶으면 바로 실행하는 아이입니다. 따라서 이래라저래라 하지 말고 무조건 믿고 기다려주는 것이 좋습니다.

이 성향의 아이는 공부할 때도 힘겨루기 식으로 해서는 안 됩니다. 아이의 의견이 틀리고 엄마가 옳다고 생각해서 일방적으로 가르치려 하거나 지적하면, 오히려 고집을 부리며 어깃장을 놓을 수도 있습니다. 심지어 심하게 화를 낼 수도 있습니다.

이 유형의 아이들은 중요하지 않거나 가치가 없다고 판단하면 아예 무시하거나 관계를 하지 않습니다. 그럴 때 엄마는 목표를 세우고 가치가 있다는 것을 깨닫게 함으로써 도전 의식을 고취시켜주는 것이 좋습니다.

8유형 성향의 아이는 스스로 하려는 의지를 믿어주고 기다려주는 것이 좋습니다. 바람직한 학습 태도를 익히는 일이 다소 어렵기 때문에 어려서부터 습관을 들이는 것이 매우 중요합니다. 유치원이나 학교에서 돌아온 후 아이가 해야 할 일은 반드시 스스로 하도록 습관을 만들어주어야 합니다.

사례_아이가 과제할 때

엄마: 민구야, 이 과제 어떻게 할 거야?

민구: 제가 알아서 할게요.

엄마: 응. 스스로 알아서 할 수 있구나.

민구: 네.

엄마: 그렇게 해. 그런데 엄마는 어떻게 할 것인지 좀 궁금한 걸?

민구: 간식 먹고 수학부터 할 거예요.

엄마: 아, 그래. 엄만 아들 믿어.

아이가 어려서부터 습관을 잘 들였다면 엄마는 아이를 믿고 기다려주며 지지하는 것이 무엇보다 중요합니다. 종종 엄마들이 그러는 것처럼 아이가 해야 할 일을 안 하고 있을 때 '숙제해야지', '빨리 숙제해', '간식 먹고 바로 숙제해라' 이런 식으로 지시하거나 다그치면 8유형 성향의 자녀는 오히려 반항할 수 있습니다. 대들거나 아예 무시하고 버티기식으로 나갈 수도 있습니다. 그러니 아이를 믿고 질문식으로 엄마가 하고 싶은 말과 원하는 것을 이야기하는 것이 좋습니다. 어려서부터 질문 습관을 들였다면 자연스럽게 받아들이겠지만 처음 시도할 때는 아이가 생각만큼 잘 따라주지 않아 조급한 마음이 생길 수도 있습니다. 그럴 때라도 다그치지 말고 잠시 물러났다가 시간을 두고 다시 시도하도록 합니다. 무조건 아이를 믿고 기다려주는 것이 포인트입니다.

감정 코칭 처방전

8유형 성향의 아이는 자신의 감정을 솔직하게 표현합니다. 자신과 약자의 편에서 진실하고 정의로워야 된다고 생각하기 때문에 뭔가 억울하거나 부당한 일을 당하면 참지 못합니다. 그것은 정당한 것을 지키려는 마음이 강하기 때문입니다. 8유형 성향의 아이는 그 감정 상태가 힘으로 표현됩니다. 즉 큰 목소리와 몸을 사용하는 것입니다. 힘을 잘 사용하면 긍정적이지만, 잘못 사용하면 상대에게 해를 줄 수도 있습니다. 8유형 성향의 아이는 문제가 생기면 화를 내거나 힘으로 맞서려 합니다.

이때 엄마는 아이의 감정을 충분히 인정하고 무조건 혼내거나 대립하려 하지 않아야 합니다. 일단 자녀의 감정을 공감하고 차분히 이야기를 나눠야 합니다. 간혹 자신의 뜻이 관철되지 않으면 무력을 사용하거나 폭력을 휘두르는 경우도 있습니다. 폭력을 쓸 때는 우선 단호하게 제재합니다. 그리고 바로 아이의 감정을 들어줘야 합니다. 강함보다는 부드러움이 진정한 힘을 발휘한다는 진리를 이야기해줍니다. 분노를 조절하는 데에 서툴기 때문에 행동하기 전에 한 번 멈춰보는 연습을 할 수 있도록 합니다. 무엇보다 행동하기 전에 자신과 타인의 감정을 알아차리는 것이 중요합니다.

사례_동생과 놀다가 동생을 때렸을 때
엄마: 민구야, 무슨 일이 있었니?
민구: 자꾸 내 것을 가져가잖아.
엄마: 민구 것을 가져간다고?
민구: 자기 맘대로 내 자동차를 가져갔다고요.
엄마: 그래? 자동차를 가져가서 화가 났구나.
민구: 달라고 해도 안 주잖아요 (잔뜩 화가 난 목소리)
엄마: 더 이상 참을 수가 없어서 때렸구나.
민구: ……

에니어그램 코칭맘

엄마: 이리 와! (이때 민구를 다정하게 안아주어야 한다) 그런데 민구야,
　　 동생을 때린 건 잘못한 거야. (차분하게 말한다)

민구: 응.

엄마: 때리면 동생이 다칠지도 모르잖아.

민구: 응

엄마: 동생을 때리지 않고 하고 싶은 말을 제대로 하려면 어떻게 해야
　　 될까?

민구: 때리지 않고 달라고 여러 번 말로 할게요.

엄마: 그래, 할 수 있지?

민구: 네.

아이가 폭력을 쓰면 대부분 엄마는 무조건 혼부터 냅니다. 사건의 자
초지종을 듣지 않고 폭력이라는 부정적 행동에 대해서만 혼냅니다. 물
론 아이가 폭력을 쓰고 있다면 무엇보다 단호하게 폭력을 멈추게 해야
합니다. 그리고 나서는 무조건 혼내거나 야단치기보다는 아이의 이야
기를 들어주는 것이 우선입니다. 그런 행동을 하게 된 이유를 헤아리고
마음과 기분을 공감하는 것이 좋습니다. 충분히 아이의 감정을 헤아리
고 나서 차분하게 이야기해주어야 합니다. '때리는 것은 나쁘고 위험한
일'이라는 점을 명확하게 이야기해야 합니다. 아이는 이미 공감을 받고
왜 그랬는지 이유를 말했기 때문에 이제는 들을 준비가 되었습니다. 마
음이 안정된 상태에서 때리지 않고 원하는 걸 얻기 위해서 어떻게 해야
하는지를 물었을 때 그에 해당하는 답을 했기 때문에 아이는 스스로 인

지하게 된 것입니다.

엄마는 아이가 스스로 잘못한 것을 반성할 수 있도록 인내심을 갖고 공감해줘야 합니다. 차분하게 말을 하면 아이도 다 이해하기 때문입니다. 물론 이렇게 되기까지 엄마의 인내심과 감정 조절이 먼저입니다. 엄마도 감정이 있기에 때론 조절이 힘들 때도 있습니다. 하지만 엄마는 위대합니다. 노력하고 애쓸수록 엄마가 아이에게 미치는 영향력은 실로 엄청납니다.

사회성 코칭 처방전

겉보기에는 매우 강하고 세보이지만 한편으로는 마음이 여린 유형입니다. 자신이 하고 싶은 대로 주장은 하지만 생각보다 여려서 쉽게 상처 받기도 합니다. 친구와 한번 사귀면 의리가 강하고 믿음이 있습니다. 그러나 자신을 인정하지 않거나 무시하는 경향을 보이면 그냥 지나치지 않습니다. 이것 아니면 저것이라는 생각으로 나와 함께할 친구인가 아닌가에 대한 판단이 강해 내편 네 편, 편 가르는 경향이 있습니다.

특히 친구들이 자신을 무시한다고 생각하면 바로 화를 내거나 힘으로 공격하기도 합니다. 그로 인해 마음과 다르게 적을 만들 수도 있습니다. 때로는 솔직하게 거친 대답이 상대를 불편하게 만들기도 합니다. 욱하는 감정을 그대로 표현하기보다는 상대방을 배려하고 이해하는 마음을 기르도록 엄마가 도와주어야 합니다.

8유형 성향의 아이는 중요하다고 생각하는 원칙은 반드시 지킵니다. 하지만 불필요하다고 생각하는 사소한 규칙은 그다지 신경 쓰지 않기

에니어그램 코칭맘

도 합니다. 특히 자신이 친구들을 통제하려고 하는데 규칙이 걸림돌이 된다면 그냥 무시하는 경향이 있습니다. 그래서 아이에게 스스로 자율적으로 규칙을 정하도록 권한을 주는 것도 매우 좋은 방법입니다. 규칙을 만들 때 아이가 엄마나 친구와 토의를 하도록 하는 것이 좋습니다. 이때 아이가 스스로 정한 규칙에 대해 충분히 인정해주고 믿어주어야 합니다. 자신이 한번 말한 것에 대해 약속을 지키려는 의지를 가지고 있기 때문입니다. 무엇보다 엄마는 아이가 자존감을 키우고 스스로 지킬 수 있도록 믿어주는 것이 좋습니다.

또한 이 유형의 아이는 세세한 것까지 간섭하면 오히려 역효과가 생길 수도 있으므로 오래 기다려줘야 합니다. 스스로 도전하고 스스로 느낄 수 있도록 말입니다.

사례_대화 중간에 끼어들어 자기가 하고 싶은 말을 할 때

엄마: 이번 미술대회에 나갈 거니?

누나: 출전하려고요.

엄마: 잘 생각했구나. 대회가 언제니?

아이: 엄마, 엄마, 있잖아요, 이번 영어 발표회 때 오실 거죠?

엄마: 응. 그런데 민수야, 지금 누나랑 얘기하는 중이잖아. 누나와 대화
　　가 끝나면 네 이야기를 해야지?

아이: 급해서 그랬어요.

엄마: 민수가 급했구나. 급한 네 마음도 이해되지만 누나랑 얘기가 끊
　　겼잖아. 누나도 엄마랑 이야기하고 싶겠지?

아이: ......

엄마: 아무리 급해도 다른 사람 이야기가 끝나면 그때 이야기하는 게 좋지 않을까? 어떻게 생각해?

아이: 누나랑 이야기가 끝나면 해야 돼요.

엄마: 그래.

8유형 성향의 아이는 다른 사람의 입장이나 상황을 배려하는 것이 부족합니다. 일단 자신이 하고 싶은 말이나 행동을 거리낌없이 하는 경우가 있습니다. 집에서의 모습은 학교에서나 친구들 간에도 충분히 일어날 수 있는 상황입니다. 아이가 타인의 입장이나 상황을 배려할 수 있도록 엄마가 차분하게 코칭 대화를 해주세요. 리더의 자질 중에는 상대의 이야기를 잘 들을 뿐만 아니라 타인을 배려하는 자세가 필요하기 때문입니다.

자기주장과 의사결정

8유형 성향의 아이는 자신의 생각을 당당하게 말이나 행동으로 드러냅니다. 때로 너무 과하다 싶을 정도로 공격적이어서 종종 엄마들이 당황하기도 합니다. 이때는 무조건 아이의 말과 행동을 제재하지 말고 차분하게 코칭식 대화를 하는 것이 좋습니다. 또한 이 유형의 아이들은 무언가 결정해야 할 때도 곧바로 '좋아', '싫어'라고 의사를 표현합니다. 우물쭈물하거나 '잘 모르겠어', '알아서 해'라는 말을 하는 경우는 거의 없고 대부분 직설적입니다. 즉 호불호가 분명하다는 뜻입니다. 다른 사

에니어그램 코칭맘

람들의 입장을 생각하지 않고 자기 마음대로 말하거나 행동하려는 경향이 있어서 엄마가 당황스러울 수도 있습니다. 만약 거절해야 될 상황이라면 아이와 힘겨루기 식으로 하지 말고 단호하고 강한 자세를 취해야 합니다. 딱 한번 강하게 말해야 합니다.

자기관리 및 습관 코칭 처방전

8유형 성향의 아이는 정해진 규칙을 정확하게 지키는 것을 힘들어 할 수 있습니다. 간혹 사소한 규칙을 어기는 것쯤은 대수롭지 않게 생각하기도 하기 때문에 등교 시간을 정확히 지키는 것 등을 어려워할 수 있습니다. 그러다 보니 아침 일찍 일어나야 할 때 짜증을 내거나 엄마가 깨울 때 버럭 화를 낼 수도 있습니다. 이때 엄마는 맞받아치지 말고 차분하게 해야 할 일을 분명히 말해주는 것이 중요합니다. 워낙 에너지가 넘치고 활동적인 유형이라 신나게 신체활동을 합니다. 놀이와 운동은 넘치는 에너지를 발산함으로써 에너지 균형을 맞출 수 있습니다. 충분히 먹고 일찍 잠자리에 드는 것이 좋습니다. 잠자리에 들기 전에 책을 읽거나 조용한 음악을 들려주어 흥분을 가라앉혀주기 바랍니다.

식습관에서도 8유형 아이는 음식 먹는 것을 좋아합니다. 아이와 함께 요리를 해보는 것도 좋은 일입니다. 특히 자기주장이 강해 특정 음식만 고집할 수 있는데, 아이와 함께 요리하면서 자연스럽게 편식하는 식습관을 지도할 수 있습니다. 특히 식사 시간에 버릇없는 행동을 할 경우는 혼내지 말고 단호하게 말하는 것이 좋습니다. 균형 잡힌 음식을 제공해 포만감과 만족감을 주어야 합니다.

8유형 성향의 아이가 잘못한 일이 있다면 따끔하게 훈육하되 굴욕감을 느끼게 하는 체벌은 하지 않아야 합니다. 무의식적 지배욕구가 손상되면 분노의 감정이 쌓여 복수를 꿈꿀 수도 있습니다.

이 유형의 아이는 자신의 생각이나 감정 표현이 직설적이고 거침없이 솔직하게 표현합니다. 겉보기와 다르게 작은 동물이나 애완동물, 어린아이나 자신이 사랑하는 사람들을 잘 돌봅니다. 외면은 세게 보여도 여린 내면이 있기 때문입니다. 또 엄마를 도와 청소를 하거나 설거지를 하기도 하고, 무거운 것 들어주기 등 일상적인 집안일을 도와주기도 합니다. 이때 엄마가 아이를 격려해주면 다른 사람을 어떻게 도와주는 것인지를 자연스럽게 배우게 됩니다.

❖ 8유형 성향 아이, 이것만은 잊지 마세요! ❖

- 자신의 의지대로 하고 싶어 하는 마음을 인정해주세요.
- 아이와 맞서려고 하지 말고 무조건 믿고 기다려주세요.
- 시정해야 할 것이 있으면 확고하고 단호하게 주의를 주세요. 이때 여러 번 반복하면서 잔소리하듯 하지 말고 한번만 강하게 말해주세요.
- 아이가 굴욕감을 느끼게 하지 마세요.
- 진실하고 솔직하게 말해주세요.

에니어그램 코칭맘

놀이를 통한 스트레스 해소로 아이의 분노조절

인간은 누구나 크고 작은 스트레스가 있습니다. 출생 직후부터 커가면서 다양한 이유로 스트레스에 노출됩니다. 아이들은 만 세 살을 전후하여 자기 것에 대한 소유 개념이 생기고 자기주장이 늘면서 스트레스가 생깁니다. 이런 스트레스를 적절하게 해소하지 못하면 분노조절에 문제가 생깁니다. 화가 난다고 물건을 던지거나 소리 지르고 욕하는 등 공격적인 아이로 성장할 수 있습니다. 다양한 놀이와 신체활동을 통해 스트레스를 풀어줌으로써 분노조절에 긍정적인 효과를 얻을 수 있습니다. 엄마와 함께하는 활동을 통해 라포 형성에 도움이 될 뿐만 아니라 함께 웃고 즐기면서 공감 능력도 향상됩니다.

분노조절을 위한 놀이와 신체활동에는 다음과 같은 것들이 있습니다.

신나게 두드리는 난타 활동

화가 난다고 아무 물건이나 두드린다면 문제가 있지만 목표가 놀이라면 스트레스를 해소시키기엔 더 좋은 방법입니다. 아이 연령에 맞는 장난감용 드럼이나 가정에서 안 쓰는 냄비, 플라스틱 물통이나 반찬통 등을 준비해서 신나게 두드릴 수 있도록 제공해줍니다. 이때 아이가 평소에 좋아하는 노래를 들려주고 그 음악에 맞춰 신나게 두드리다 보면 효과는 배가 됩니다. 온몸을 사용해서 신나게 두드리다 보면 자연스럽게 스트레스가 해소되기 때문입니다.

찰흙 던져서 모양 만들기

실내에서 할 수도 있지만 아이와 야외 놀이터에서 하면 더 좋습니다. 벽에 넓은 합판이나 좀 두툼한 종이를 붙여놓고 찰흙 던지기를 할 수 있습니다. 이때 찰흙은 물을 섞어 던지기 좋게 농도를 맞추는 것이 좋습니다. 앞치마나 흙이 묻어도 관계없는 헌 옷을 입고 아이랑 신나게 던져봅니다. 계획하지 않고 우연히 만들어진 멋진 모양에 대해 아이와 함께 이야기 나눠보는 것도 좋은 방법입니다. 던지기 놀이를 통해 스트레스가 해소될 뿐만 아니라 해방감까지 느낄 수 있습니다.

쾌감을 느낄 수 있는 신문지 찢기

쉽게 구할 수 있고 재료비도 저렴한 신문지 찢기 놀이를 통해 스트레스를 해소할 수 있습니다. 엄마가 먼저 시범을 보여주면 아이는 금방 따라합니다. 신문지 특유의 찢어지는 소리와 느낌이 아이의 오감을 자극합니다. 찢기와 더불어 신문지 뭉쳐보기, 손으로 오려보기, 찢은 신문지 높게 쌓기 등 다양한 방법도 응용할 수 있습니다. 신문지는 잘 찢어지기 때문에 어린 아이에게 쉽게 적용할 수 있으며 내재된 스트레스 해소에 도움이 됩니다.

9유형_느긋하고 온순한 평화형 아이

느긋하고 내성적인 아이

9유형 성향의 아이는 조용하고 편안하며 아무런 갈등이 없는 상태를 원합니다. 친구나 엄마 등 많은 사람들과 원만하게 잘 지내기를 원합니다. 유치원이나 학교에서 선생님 말을 잘 듣는 순한 아이이고, 친구들과의 관계에서 특히 이해심이 많습니다. 옷차림도 소박하고 표정변화가 거의 없어 어쩔 땐 다소 뚱한 표정을 짓기도 합니다. 갈등을 싫어하기 때문에 다른 친구들 간의 다툼이 있다면 원만하게 중재하는 능력이 탁월합니다. 하지만 뒤늦게 한번 화가 나면 화산 폭발처럼 자신의 감정을 표현해 주변을 깜짝 놀라게 하기도 합니다. 또한 자신에게 익숙한 일을 계속하는 것을 좋아하고 해야 할 일은 이미 잘 알고 있어 늘 하던 대로의 방식을 따릅니다. 주어진 일이나 해야 하는 일의 진행속도는 느린 편인데, 최소한의 에너지로 움직이기 때문에 행동이 굼뜹니다. 뿐만 아니라 새로운 과제나 새로운 방식을 알고 배우는 데도 속도가 느려 엄마가 볼 때는 무척 답답하기도 합니다. 좀 복잡하거나 어렵거나 처음

해보는 일은 당황하거나 주저하는 바람에 빨리 진행이 안 됩니다. 이 유형의 아이는 먼저 해야 할 일, 늦게 해야 할 일 등 우선순서를 정하는 데 어려움을 느끼고, 마무리나 세세하게 하는 일도 좀 힘들어합니다. 따라서 아이가 머뭇거리고 있을 때 '너 왜 이러니', '빨리해'라고 다그치면 점점 자신감을 잃게 됩니다. 엄마가 아이의 성향을 이해하면서 차분하게 진행하도록 도움을 주거나 기다려줘야 합니다.

9유형 성향의 아이는 자신이 보잘것없으며 잘하는 것도 없다는 생각을 많이 해 자존감이 낮습니다. 즉 자신은 가치가 없다고 생각해 자기를 주장하거나 요구하지도 않습니다. 편한 표정과 느긋한 태도를 보이며 적극적으로 행동하거나 나서지 않아 눈에 잘 안 띄는 아이입니다. 친구랑 대화할 때도 말을 먼저 시작하지 않는 편입니다. 다른 사람들과 관계할 때도 능동적이지 않고 특별한 주장도 없이 좋은 게 좋다는 식으로 의견을 따르는 수동적인 아이입니다. 골치 아픈 일이나 갈등이 생기는 일은 귀찮아하고 생각하는 일은 우선 피하고 봅니다. 친구나 엄마를 비롯해 다른 사람들과 갈등이 생기거나 곤란한 의사결정을 해야 할 때 무척 어려워합니다. 대부분의 경우 깔끔하게 결정을 하지 못해 우유부단해 보이기도 합니다. 실제로는 능력이 있고 실력이 좋은데도 제대로 발휘하지 못할 때가 많습니다. 하지만 한번 시작한 일을 끝까지 밀고나가는 인내심이 강하고 무난하게 잘 적응해나갑니다.

9유형 성향의 아이는 느리고 굼뜬 경향이 있으므로 엄마는 빨리 하라고 다그치지 말고 인내심을 가지고 기다리며 많은 칭찬으로 자존감을 키워줘야 합니다.

에니어그램 코칭맘

9유형 성향 아이의 강점

· 너그러운 태도로 모든 사람들과 잘 지냅니다.

· 인내심이 많아 어려운 상황에서도 무던하게 잘 견딥니다.

· 쉽게 판단하지 않고 모든 상황이나 사람들을 있는 그대로 수용합
  니다.

· 갈등을 평화롭게 중재하는 능력이 뛰어납니다.

· 편안하게 조화와 화합을 이룹니다.

9유형 성향 아이의 보완점

· 수동적 공격 성향이 있고 고집스럽습니다.

· 자기 비하에 빠지기도 하고 자신을 과소평가합니다.

· 종종 우선순위를 잊습니다.

· 게으르고 나태한 경우가 있습니다.

· 지나치게 허용적이라 우유부단해보이기도 합니다.

공부 코칭 처방전

9유형 성향의 아이는 은근하고 끈기가 있기 때문에 이미 정해진 과제나 해야 할 일에 대해서는 묵묵히 잘해냅니다. 숙제를 하거나 공부할 때도 큰 저항 없이 책임감 있게 합니다. 한번 습관이 들면 꾸준히 하기 때문에 처음부터 좋은 습관을 가지도록 도와주는 것이 좋습니다.

하지만 이 유형의 아이들은 성격이 느긋하고 행동이 굼뜨기 때문에 어떤 일이든 서두르지 않습니다. 특히 스스로 급할 것이 없다고 판단되

는 일은 자꾸만 미루는 경향이 있습니다. 이때 엄마들은 당연히 빨리 하라고 소리 지르거나 잔소리를 할 수가 있는데 그럴수록 아이는 움츠러듭니다. 만약 아이가 집중하지 못하거나 몰입하지 못한다면 해야 할 과제가 너무 많은 것이 아닌지 점검해 볼 필요가 있습니다. 자기가 감당하기에 벅찬 과제 앞에서 아이는 외면하거나 너무 스트레스를 받아 멍한 태도를 보일 수 있기 때문입니다. 이때는 너무 많은 것을 한꺼번에 하도록 하지 말고 아이가 할 수 있을 만큼 작은 목표로 나누어주는 것이 좋습니다. 작은 부분을 성취하면 자신감을 갖도록 많은 칭찬을 해주어야 합니다. 성격이 진취적이고 추진력이 좋은 친구가 있다면 함께 공부하는 것도 좋은 방법입니다. 이 유형의 아이는 잘하는 친구를 곧잘 따라하고 친구 의견도 잘 따르기 때문에 그 과정에서 아이의 능력이 발견될 수도 있습니다.

9유형 아이들은 자신의 감정을 직접 표현하기보다는 해야 할 일을 미적거리거나 알았다고 대답하고도 뒹굴뒹굴 구르는 식으로 표현하기도 합니다. 맘에 안 들면 '예'라고 대답은 하고도 꿈쩍하지 않거나 고집 부리기도 합니다. 이럴 때는 '한다고 해놓고 왜 안하니?'라고 따지지 말고 뭔가 불편하거나 스트레스 받는 것이 없나 살펴보는 게 좋습니다. 엄마는 아이의 마음을 헤아려 편안한 분위기를 만들어줘야 합니다. 9유형 성향의 아이는 세상 모든 것이 자연과 연결되어 있다고 생각하기 때문에 자연에서 편하게 휴식을 취하면 기분도 안정되고 스트레스도 해소됩니다.

에니어그램 코칭맘

사례_과제를 자꾸 미룰 때

엄마: 소현아, 자기 전에 과제를 끝내야 되는데 소현이도 알지?

아이: 네, 알아요.

엄마: 어차피 해야 할 과제인데 지금 해놓고 편안한 마음으로 쉬는 것이 좋을까? 아니면 조금 쉬고 나중에 하는 것이 나을까? 소현이는 어떻게 생각해?

아이: 음.

엄마: 소현이가 늦게까지 숙제하면 엄마도 소현이가 잘 때까지 쉴 수가 없어. 소현이가 얼른 숙제를 마무리하면 엄마도 좋겠는데 어떻게 생각해?

아이: 지금 하는 게 좋겠어요.

엄마: 그래? 그럼 지금부터 시작해볼까?

아이: 네.

엄마: 시작~~!

아이의 행동이 느리다고 혼내거나 빨리 하라고 재촉하기보다는 아이가 시작할 수 있도록 엄마가 적극적으로 도와줘야 합니다. '나중에 할게요', '이따가요'라며 미루는 아이에게 '안 돼', '빨리 해'라고 다그치거나 '너는 늘 말로만 한다고 하니', '나중에 행여나 하겠다'라며 비아냥거리면 안 됩니다. 질문을 통해 아이에게 공부나 과제를 마쳐야 한다는 점을 주지시키고, 어느 정도 납득할 수 있게 말해줘야 합니다. 아이에게 지금 상황이 어떤지 알게 해주는 것이 좋습니다. 또한 공부를 하다가 다른 일을 하게 되면 문제점이 무엇인지 구체적으로 이야기해줘야 합니다. 쉽게 말해 아이를 혼내지 말고 엄마가 바라는 바를 긍정적으로 말해주는 것이 관건입니다. 항상 질문을 통해 아이 스스로 '어떻게 하면 좋을까?'를 생각하게 해야 됩니다. 아이가 마음을 먹었다면 엄마는 아이의 준비시간을 줄여주도록 합니다. 그리고는 곧장 과제를 할 수 있도록 책상에 앉을 때 '시작'이라고 적극적으로 말해주는 것도 좋습니다. 즉 시작이 굼뜬 아이의 등을 가볍게 두드리면서 자극을 주며 시작할 수 있도록 하는 것입니다.

감정 코칭 처방전

9유형 성향의 아이는 다른 사람들과 갈등이 생기는 것을 싫어해 자신의 감정이나 욕구를 말로 잘 표현하지 않기 때문에 엄마가 얼굴 표정이나 행동 스타일을 유심히 관찰하는 것이 좋습니다. 이 유형 아이들은 분명하게 자신을 표현하는 대신 원하지 않을 때는 뚱한 표정을 짓는다든가 뭉그적거리곤 합니다. 그러므로 자녀의 행동이나 표정을 보고 아이의 감정을 읽어줄 필요가 있고 자신의 감정을 표현하도록 도와주는 것이 좋습니다.

또한 이들은 자신이 늘 부족하다고 생각하며, 뭐라고 얘기하면 '내가 그렇지 뭐' 하는 식으로 자신을 비하하는 경우가 많습니다. 엄마는 자신의 아이가 이런 성향을 보일 때 특별히 많은 칭찬을 해줘야 합니다. 아주 작은 것이라도 결과물을 만들었을 경우에 칭찬으로 자존감을 높여줘야 합니다.

에니어그램 코칭맘

사례_아이가 결과물을 얻었을 때

엄마: 와 어떻게 이런 생각을 했니?

아이: ......

엄마: 이렇게 생각한 이유가 뭐니?

아이: 아 그냥 만든 거예요, 별거 아니에요.

엄마: 이것으로 노를 저으면 빨리 갈 수 있겠구나.

아이: 정말 빨라요

엄마: 그럼 우리 이것을 목욕탕에 가서 한번 해볼까?

아이: 좋아요.

9유형 성향의 아이는 자신에 대한 자존감이 낮습니다. 자신이 한 일에 대해 칭찬을 해도 스스로 하찮다고 생각합니다. 이럴 때 엄마는 '너 왜 이렇게 자신이 없어'라고 핀잔을 줄 게 아니라 '넌 이 세상에서 하나밖에 없는 소중한 아들'이며 '네가 얼마나 소중한지 알았으면 좋겠어' 등의 말로 아이에게 자신의 존재가 어떤 가치를 갖고 있는지를 자주 말해줘야 합니다. 아이는 엄마의 사랑을 먹고 자라기 때문입니다. 칭찬은 아무리 해도 탈이 없으니 조그마한 칭찬거리라도 찾아 많이 칭찬해주는 것이 좋습니다. 그리고 칭찬을 할 때는 구체적으로 콕 집어서 해줘야 합니다.

사회성 코칭 처방전
9유형 성향의 아이는 다른 사람들과의 갈등을 두려워하며 피하기 때문에 다툼이 없습니다. 겉으로 볼 때는 많은 친구들과 두루두루 편하게 잘 어울립니다. 앞에 나서기보다는 뒤로 물러나 친구들의 의견에 잘 따릅니다. 그렇게 행동하는 것이 편안하고 안정감을 느끼기 때문입니다. 다른 친구들에게 무조건 양보도 잘하고, 다른 애들이 싫어하는 일도 묵묵히 합니다. 친구들끼리 서로 다툼이 있을 경우 그 상황 자체가 매우 불편하기 때문에 어떻게든 문제를 해결해보려고 적극적으로 중간에서 중재 역할도 잘합니다. 9유형 성향의 아이는 조화롭고 평화롭게 조율하는 능력이 탁월합니다.

하지만 자신의 입장이나 생각을 주장하기보다는 늘 다른 사람들한테 맞추다 보니 정작 자신의 감정을 솔직하게 표현하는 데는 아주 서툴러 갈등을 꾹 참거나 회피해버리곤 합니다. 그러다 결국은 가끔 크게 화를 내거나 고집을 부리는 식으로 자신의 감정을 표현하는데 그럴 때는 엄마가 구체적으로 표현하는 방법을 알려주어야 합니다.

사례_아이가 자신의 기분을 말하고 싶어 하지 않을 때

엄마: 민주야, 힘들어 보이는데 오늘 무슨 일 있었니?

아이: 아무것도 아니예요.

엄마: 아무것도 아니야? 그런데 왠지 기운이 없어 보이네.

아이: ......

엄마: 엄마 걱정 안 해도 되니?

아이: 별일 없어요. 신경 안 써도 돼요

엄마: 그래? 알았어. 혹시 나중에라도 하고 싶은 말이 있으면 언제나 얘

기해.

아이: 네.

엄마: 민주가 시무룩하니까 엄마가 마음이 쓰이는데 별일 아니었으면 좋겠다.

아이: 별일 아니니까 너무 신경 쓰지 마세요.

엄마: 그렇다면 엄마도 안심이야.

아이: 나중에 말하고 싶으면 그때 할게요.

엄마: 그래, 꼭 그렇게 해줘. 언제라도 좋아.

아이: 네.

9유형 성향의 아이는 자신이 느끼는 기분을 잘 표현하지 않고 내면에 밀어넣습니다. 가끔 시무룩하거나 뚱한 표정을 지을 때 무슨 일이 있는지 물어봐도 속시원한 답이 없어 답답하기만 합니다. 하지만 '왜 그래?', '너 무슨 일 있지?', '빨리 말해봐' 하며 다그치면 아이는 더 내면으로 움츠러듭니다. 아이가 말하고 싶지 않다면 한걸음 물러나 아이의 마음을 존중해주어야 합니다. 다만 엄마가 걱정하고 있다고, 엄마는 언제든 들을 준비가 되었다고 말해주세요. 답답하다고 복장 터진다고 속상해하지 마세요. 인내심을 갖고 심각한 일이 아니라면 다음에 물어도 되니까요.

이 유형의 아이는 무척 내성적이어서 '기분이 어떠니?', '무슨 생각을 하니' 같은 질문을 자주 해주는 것이 좋습니다. 엄마 물음에 바로바로 답하지 않는 아이이기 때문에 너무 조급해하지 마세요. 자신의 감정을 잘 느끼고 표현할 수 있어야 다른 사람의 감정도 잘 이해할 수 있습니다. 그래서 아이가 자연스럽게 느끼고 표현할 수 있도록 도와줘야 합니다. 특히 분노를 외면하지 않고 건강하게 표현하도록 질문을 자주 해주는 게 좋습니다.

자기주장과 의사결정

9유형 성향의 아이는 친구나 어른들에게 양보하는 경향이 많습니다. 자기주장을 하면 사람들이 싫어할 것이라고 생각하거나 갈등이 유발된다고 염려하기 때문입니다. 엄마는 아이가 사람들 앞에서 자신의 생각을 말할 수 있도록 격려해야 합니다. 엄마가 먼저 아이에게 자신의 생각을 솔직하고 존중하는 태도로 표현하는 것이 좋습니다. 엄마가 자신의 감정을 이야기하고 아이에게 질문하면 아이도 자연스럽게 자신을 표현할 수 있습니다.

9유형 아이는 많은 사람들을 이해하고 받아들이고 공감할 줄 압니다. 이유는 다양한 생각과 다양한 마음이 있기 때문이죠. 그렇기에 자신이 원하는 대로 마음껏 말하거나 행동하면 다른 사람들과 불편해지거나 갈등이 생길까봐 두려워합니다. 그래서 다소 주저하기도 합니다.

자기관리 및 습관 코칭 처방전

9유형 자녀는 일상생활에 무난하게 잘 따르고 적응도 잘합니다. 한번 형성된 습관은 오래가기 때문에 별 어려움은 없습니다. 특별히 민감하지도 않고 예민하지도 않기 때문에 모든 일이 편안하고 여유롭습니다.

에니어그램 코칭맘

다만 집에서 뒹굴뒹굴하거나 맛있는 음식을 자주 먹으려는 욕구가 있습니다. 감당하기 버거운 일이 있거나 스트레스 상황에 놓이면 잠을 자거나 멍한 표정을 짓기도 합니다. 과하게 텔레비전을 시청하거나 오락물에 빠질 수도 있습니다. 이럴 때는 즉각적으로 혼을 내며 바로잡으려 하기보다는 세심한 관찰과 질문으로 무엇 때문인지 아이의 마음을 읽어줘야 합니다.

또한 주변이나 책상 정리정돈을 잘 안하는 경향이 있습니다. 초등학교 1학년 정연이 엄마는 담임과 면담 중에 선생님께 "정연이 책상 서랍 좀 정리해주세요."라는 요청을 받았습니다. 정연이 엄마는 깜짝 놀랐습니다. 책상 속에는 책과 공책, 연필 등 온갖 것들이 뒤엉켜 있었습니다. 심지어 쓰레기까지 뒤섞여 있는 것을 정리해준 사례도 있습니다. 이렇듯 9유형 성향의 아이는 종종 가방이나 책상 속에 쓰레기를 넣어두거나 옷 주머니 속에 모든 것을 지니고 다니기도 합니다. 뿐만 아니라 이 유형의 아이는 일을 미루는 경향이 있어서 상황에 따라 하고 싶으면 하고 하기 싫으면 안합니다. 좀처럼 계획을 세워 무엇을 하는 경우가 없습니다. 해야 할 일에 대한 계획을 짜고 하나씩 이뤄 낼 수 있도록 엄마가 도와주어야 합니다. 특히 시작을 할 수 있도록 '어떤 일부터 하는 것이 좋을까?', '시작을 무엇으로 하는 것이 좋을까?'라고 질문을 해주는 것이 좋습니다.

9유형 성향의 아이는 대부분 책임감이 강한 편입니다. 비록 시작은 좀 더디지만 한번 시작하면 맡은 바를 성실하고 올바르게 끈기를 갖고 합니다. 아이의 성향을 파악하고 다소 여유와 인내를 갖고 아이를 믿고 기다려주는 지혜가 필요합니다. 시작은 느리고 행동이 다소 굼뜨지만 한번 시작하면 끈기가 있어 지구력이 있다는 장점을 인정하는 것이 포인트입니다.

❖ 9유형 성향의 아이, 이것만은 잊지 마세요! ❖

- 말을 하거나 행동할 때 다소 느린 경향이 있으니 인내심을 갖고 기다려주세요
- 싫다는 표현을 잘 못한다고 무시하거나 지나치지 마세요. 꼭 신경을 써주세요.
- 어떤 것을 우선시해야 하는지 명확하게 인지시켜주세요.
- 시작할 수 있도록 질문을 통해 도와주세요.
- 자신은 부족하다고 생각하기 때문에 칭찬으로 자존감을 키워주세요

에니어그램 코칭맘

1유형_원칙적인 완벽추구형 아이

모범적이고 예의 바른 아이

1유형 성향의 아이는 타의 모범이 되고 예의 바르게 행동하려고 노력합니다. 항상 단정하고 튀지 않는 옷차림과 깔끔한 외모의 모범생이며, 정직하고 올바른 삶을 살기 위해 스스로에게 아주 엄격합니다. 예의범절이 타고났으며, 지나치게 어른스러운 행동을 하기도 합니다. 또래에 비해 조숙한 아이로 동네 웃어른께도 공손하며 말도 잘 듣습니다.

친구나 가족보다는 사회의 규칙이나 원칙을 훨씬 중요하게 여깁니다. 자신이 정한 규칙이나 원칙이 가정에서도 지켜지기를 바랍니다. 공공의 규칙과 약속은 반드시 지켜야 한다는 생각이 강해서 다른 친구들이 이를 어기거나 무시하면 못마땅해하며 인상을 찌푸리거나 '이렇게 해야 돼'라고 분명히 이야기합니다. 어떤 문제에 대한 해결책이 자기가 생각한 한 가지밖에 없다고 생각합니다. 조금이라도 자신이 정한 원칙에 어긋나면 아주 힘들어 하고, 무슨 일이든 제대로 잘하려고 최선을 다합니다. 옳고 그름을 따지기를 좋아하고 항상 올바른 행동을 하려고 하지만 늘 규칙이나 틀을 잘 지켜야 한다는 생각에 종종 경직된 태도를 보이며, '이건 고쳐야 돼'라는 말을 자주합니다. 그러다 보니 친구들은 융통성이 없거나 까다롭다고 생각합니다.

1유형 성향의 아이는 항상 옳은 일을 하려고 합니다. 따라서 어쩌다 엄마나 선생님한테 꾸중을 들으면 몹시 힘들어하며 기가 푹 죽는 경향이 있습니다. 작은 일에도 걱정과 근심이 많고, 좀 더 잘해보려는 마음 때문에 긴장의 끈을 놓지 않기 때문입니다.

이 유형의 아이는 실수를 못 견뎌하고 짜증을 내거나 '내가 왜 그랬지?' 하면서 자책을 하기도 합니다. 아이가 너무나 바른 행동을 하려고 긴장하기 때문에 이럴 때는 엄마가 긴장을 풀어주어야 합니다.

1유형 성향 아이의 강점
· 신중한 결정과 강한 실천력으로 해야 할 일을 추진합니다.
· 끊임없이 노력하는 과정을 중요시 여깁니다.
· 맡은 역할을 끝까지 완수하는 책임감이 강합니다.
· 공과 사를 확실하게 구분하며 양심적입니다.
· 말과 행동이 일치하는 일관성 있는 자세로 신뢰감을 줍니다.
· 공정하고 근면 성실한 자세로 임합니다.
· 사회규범과 규칙을 잘 지키는 모범생입니다.

1유형 성향 아이의 보완점
· 판단적이고 비판적입니다.

· 융통성이 없고 완고합니다.

· 진지하고 심각합니다.

· 지나치게 꼼꼼합니다.

· 긴장을 많이 합니다.

공부 코칭 처방전

자신이 제대로 하는 아이라고 생각하기 때문에 스스로 높은 목표를 세워 철저하게 준비하고 공부하는 스타일입니다. 공부도 똑 부러지게 잘해서 더 우수한 학생이 되려는 마음이 매우 큽니다. 철저한 예습과 복습으로 완벽하게 하려고 부단히 노력합니다. 한번 실수했던 문제나 중요한 정보는 꼼꼼하게 관찰하고 메모하는 습관이 잘 들어 있습니다. 하지만 잘 하려는 마음이 너무 크기 때문에 제대로 하지 못하면 오히려 스스로 불안해하기도 합니다. 어떤 과제를 하거나 평가를 할 때는 너무 긴장해 안절부절못하기도 합니다. 너무나 긴장한 나머지 오히려 실수를 하고는 더욱더 자책할 때도 있습니다. 이때 엄마는 긴장을 풀 수 있도록 도와주고, 부족하거나 실수할 수도 있다고 긍정적으로 생각할 수 있도록 도와줘야 합니다.

특히 과제를 완벽하게 해내려고 고치고 또 고쳐서 마무리까지 시간이 너무 많이 소요되기도 합니다. 이럴 때 엄마의 도움이 필요합니다.

사례_과제를 고치고 또 고칠 때

엄마: 성민이가 잘하고 싶구나.

아이: 아 틀렸어, 짜증나.

엄마: 틀려서 속상하겠네.

아이: 다시 해야겠어요.

엄마: 누구든 틀릴 수 있어.

아이: ......

엄마: 봐, 엄마도 좀 전에 실수했거든.

아이: 내가 왜 그랬는지, 아 잘해야 되는데..

엄마: 누구나 실수할 수 있어. 큰 문제가 아니야. 실수하면서 배우기도
    하잖아?

1유형 성향의 아이는 정말 제대로 잘하고 싶어 합니다. 아이가 무엇이든 성취했을 땐 칭찬과 박수를 아끼지 말아야 합니다. 실수를 하거나 마음에 들지 않을 때는 금세 표정이 굳어지고 날카로워지는데, 이때 아이가 실수한 것에 대해서는 위로가 필요합니다. 엄마는 아이의 제대로 하고 싶어 하는 마음을 어루만져줘야 합니다. 만약 이때 '너 왜 이렇게 융통성이 없니?', '넌 왜 이렇게 꽉 막혔니', '그냥 빨리해' 라고 다그친다면 아이는 불안해하면서 엄마를 신뢰하지 않을 수 있습니다. 무엇보다도 완벽하게 하려는 마음을 공감해줘야 합니다.

누누이 말하지만 인간의 감정은 정말 예민합니다. 이 유형의 아이가 무엇을 하든 끝까지 제대로 하려는 이유는 누군가에게 자신의 부족한 모습을 보이기 싫어서입니다.

감정 코칭 처방전

1유형 성향의 아이는 자신의 실수를 분석하고 제대로 하려는 욕구가 강합니다. 그래서 자신이 느끼는 감정에 대해 자연스럽게 표현하는 것이 서툽니다. 화가 나도 겉으로 표현하지 않고 꾹 참거나 속으로 삭힙니다. 화를 내는 것도 옳지 않은 일이라 생각하기 때문입니다.

엄마는 이때 아이가 편안한 환경에서 자신의 감정을 솔직히 표현하도록 도와줘야 합니다. 아이가 자꾸만 자신의 잘못을 생각하고 분석하기보다는 자신의 감정을 느낄 수 있도록 질문을 해야 합니다. 또한 틀에 박힌 딱딱한 활동보다는 여유롭고 긴장을 풀어줄 수 있도록 예체능 활동이나 야외활동을 함께해주는 것도 좋습니다. 긴장할 때는 배앓이를 하는 경우가 있으니 음악을 틀어놓고 배 마사지를 해주는 것도 매우 좋습니다.

사례_아이가 너무나 잘하려고 걱정하고 긴장할 때

아이: 엄마, 내일 시험 때문에 걱정돼요.

엄마: 내일 시험을 정말 잘하고 싶구나?

아이: 네, 잘 보고 싶은데 자꾸 불안해요.

엄마: 민수야, 여기 잠깐 누워볼래?

아이: 여기요?

엄마: 응. 긴장을 풀 수 있게 엄마가 배 마사지해줄게.

아이: 좋아요.

아이가 시험을 보거나 평가받을 일이 있을 때 너무나 걱정되고 불안하다고 부정적인 언어를 쓰면, 이때 엄마는 긍정적 언어로 바꿔 공감해줘야 합니다. 엄마가 부정단어가 아닌 긍정단어로 공감해줄 때 긍정적 아이로 키울 수 있기 때문입니다.

또한 아이가 긴장하고 있을 때 엄마는 긴장을 풀어줘야 합니다. '엄마 손은 약손'이라는 말이 있습니다. 아이를 편안하게 눕힌 뒤 엄마의 따뜻한 손길로 온 몸을 가볍게 마사지해주면 아이가 한층 긴장을 풀고 편안하게 대처할 수 있습니다.

사회성 코칭 처방전

1유형 성향의 아이는 친구와의 관계에서도 진지합니다. 친구 간에도 기본적으로 예의를 지키고 바르게 대하고 싶어 하다 보니 자연스럽지 않고 다소 뻣뻣해 어색해 보이기도 합니다. 또한 친구들에게 쓸데없는 장난을 하거나 함부로 대하지 않고 나쁜 말도 하지 않습니다. 친구들만이 아니라 다른 사람들과의 관계에서도 늘 예의바릅니다. 그러다보니 사람들을 대할 때 자신의 감정을 표현하기 어려워합니다. 또한 친구나 다른 사람들이 장난을 치거나 실수하는 것을 무척 불편해하기도 하고, 옳지 않은 행동이나 바른 행동을 하지 않으면 못마땅한 표정을 보이기도 합니다. 심하면 '네가 잘못되었으니 고쳐'라고 구체적으로 지시할 수도 있습니다.

자신의 생각이나 뜻이 모두 옳다고 믿기 때문에 다른 친구의 감정이나 태도 등을 종종 이해하기 힘들어 합니다. 특히 올바른 행동을 하지

에니어그램 코칭맘

않을 때는 더 심합니다. 친구뿐만 아니라 어른들도 잘못된 것은 바로 시정하라고 말합니다. 이때 엄마는 아이의 감정을 이해해주고 어른이라도 솔직하게 인정하고 시정해야 됩니다.

사례_엄마의 실수를 바로 지적할 때
아이: 나더러는 버리지 말라고 하면서 왜 엄마는 막 버려요?
엄마: 어머나, 엄마가 실수했구나.
아이: 쓰레기통에 버려야 해요.
엄마: 그래, 쓰레기통에 잘 버려야지.

아이가 엄마나 다른 어른들의 실수를 지적할 때 엄마는 기분 나빠하지 않고 바로 자신의 잘못을 인정해야 합니다. 그렇지 않고 '조그만 게 못하는 말이 없어', '어린 게 예의 없네' 하면서 무시하거나 자신의 잘못을 인정하지 않으면 아이는 계속 따지려 듭니다. 엄마가 자신의 실수를 인정하고 받아들여 시정할 때 1유형 자녀는 엄마에 대해 믿음과 신뢰감을 갖게 됩니다.

자기주장과 의사결정

1유형 성향의 아이는 자신만의 원칙이 있고 결단력이 있습니다. 자신만의 정의와 도덕에 대한 주관이 있기에 다른 사람에게 좌지우지되지 않습니다. 오히려 자신의 생각을 주장하기도 합니다. 이럴 때 너무나 자신만의 틀에 갇힌 주장을 할 수 있으니 상대의 다른 관점을 살펴보라고

도 이야기해주세요.

이 유형의 아이는 자신만의 기준이 있기 때문에 감정이나 기분에 휘둘려 함부로 결정하지 않고 나름대로 객관적인 결정을 합니다. 그러나 지나치게 엄격한 잣대를 적용하기 때문에 다소 융통성이 없어 보입니다. 이럴 때 엄마는 '꼭 해야만 하는 일이 아니라 정말 원하는 것이 무엇이니?'라고 물어주면 좋습니다. 아이는 엄마의 질문에 의무감보다는 자신이 진짜 원하는 것이 무엇인지 생각하게 됩니다. 엄마와 아이의 기준과 생각이 달라 갈등이 생길 때에도 무조건 '엄마 말을 따라야 돼'라고 하기보다는 '어떻게 하면 좋을까?' 하며 여러 번 질문을 함으로써 아이가 여러 대안 가운데 스스로 선택할 수 있도록 도와주어야 합니다. 무조건 못하게 하면 불만이 쌓일 수 있지만 여러 가지 선택지 중에서 자신이 하나를 선택함으로써 아이의 불만이 최소화될 수 있습니다. 무엇보다 해결책은 한 가지만 있는 것이 아니라 다양한 방법이 있다는 것을 아이가 알게 할 수 있으므로 일석이조의 효과를 얻을 수 있습니다.

자기관리 및 습관 코칭 처방전

1유형 성향의 아이는 자기가 해야 할 일은 스스로 합니다. 아침에 일어나는 것, 자기 방 정리정돈 등 항상 모든 것이 정돈되어 있기를 원해 매사 깔끔합니다. 또한 규칙이나 해야 할 일 등을 매우 중요시 생각해 준비물도 항상 미리미리 꼼꼼하게 챙기고 점검하려고 합니다. 때로는 실수를 하지 않으려 지나치게 집중하다 보니 종종 큰 그림을 보지 못하고 아주 사소한 것에 매몰되기도 합니다. 그때 엄마는 정말 중요한 것이 무엇인지를 질문해야 합니다.

"네가 지금 가장 중요하다고 생각하는 것은 무엇이니?"
"네가 지금 하는 일은 뭐지?"
"네가 지금 무엇을 해야 되니?"

사소한 것을 챙기려다 정작 중요한 큰 것을 놓칠 수 있으니 항상 엄마가 자주 질문을 해 놓치는 법이 없도록 해야 합니다.

또한 이 유형의 아이는 자신이 예의에 어긋나는 행동을 하지 않는지, 자세는 바른지 등에 신경 쓰느라 긴장하고 스트레스 받기 쉽습니다. 식사 예절이라든지 잠자리 태도 등에 대해서도 너무나 꼼꼼한 잣대를 적용하느라 스스로 긴장을 많이 합니다. 이 아이는 편하게 휴식을 취하는 일도 매우 어렵습니다. 아이가 스트레스를 받을 때는 긴장을 풀어주는 활동을 엄마가 같이 하는 것도 매우 좋은 방법입니다. 예체능 활동이나 바깥놀이, 자전거 타기 등은 아주 효과적입니다.

1유형 아이는 착한 아이가 되어야 한다고 생각해 선생님이나 어른에게 협조적입니다. 만약 엄마가 아이의 모범적인 행동을 계속 원한다면 아이다움이 없어질 수도 있습니다. 아이가 너무 어른스럽게 행동하거나 틀에 박힌 태도를 보일 경우 아이와 놀이를 통해 아이다움을 발견해주는 것이 좋습니다.

특히 자신의 실수에 아주 예민하게 반응하므로 잘못된 행동이나 실수에 대해 최대한 너그럽게 받아들이세요. 무엇보다 누구든 실수할 수 있다는 것을 아이에게 말해주어야 합니다. 아이는 지금도 너무나 긴장하고 부담스러워하고 있으니까요.

❖ 1유형 성향 아이, 이것만은 잊지 마세요! ❖

- 실수해도 된다는 것을 말해주세요. 누구나 실수할 수 있다는 것을 알려주세요.
- 아이가 노력하고 있다는 것을 인정해주면서 성취를 했을 때는 아낌없이 칭찬해주세요.
- 잘하려는 마음을 읽어주고 공감해주세요.
- 아이가 지적을 할 경우에도 기분 나쁘게 받아들이지 말고 솔직하게 인정하세요.
- 긴장을 풀어주는 놀이를 하거나 음악을 들려주고, 온 몸이나 배를 마사지해주며 편안한 마음이 되도록 해주세요.

2유형_ 따뜻하고 친절한 도우미형 아이

착하고 친구들을 잘 도와주는 아이

2유형 성향의 아이는 친구나 엄마 등 주변 사람들 일에 관심이 많고 적극적으로 도와주는 것을 매우 좋아합니다. 다른 사람들에게 인정받고 사랑받고 싶어 하는 마음으로 '저 사람은 내 도움이 필요할 거야'라고 생각하며 상대의 요청이 없을 때도 먼저 도와주는 경우가 있습니다. 따라서 때로는 상대가 부담스럽게 느낄 수도 있고, 도가 넘치는 관심 때문에 간섭을 받는다고 느낄 수도 있습니다.

이 유형의 아이는 항상 웃는 표정을 짓고 따뜻하고 상냥합니다. 엄마와 손잡기, 얼굴 비비기 등 스킨십을 아주 좋아하며, 친구나 형제자매에게 양보도 잘하고 배려심도 많습니다. 그리고 긍정적인 칭찬을 많이 하기 때문에 주변에는 친구도 많습니다. 친구들의 이야기도 잘 들어주고 사적인 질문도 많이 하며, 친구가 힘들어할 때는 도움 되는 조언도 잘합니다. 하지만 자신의 마음을 몰라주거나 고맙다는 친구의 피드백이 없으면 매우 속상해하고 때로 화를 내기도 합니다. 자신의 욕구가 좌절될 때는 마음의 상처를 받아 섭섭해하고 눈물을 흘릴 때도 많습니다. 관계에서 문제가 생기면 자신이 거절당했다고 생각하며 배신감을 느끼기 때문에 누구하고든 관계를 잘하고 싶어 하고 관계에서 오는 민감성이 있습니다. 엄마뿐만 아니라 선생님을 잘 이해하고 순종합니다. 다른 사람의 필요욕구를 금방 알아차리기 때문에 특히 유치원이나 학교에서 선생님을 잘 도와줍니다. 동네 어른들께도 인사를 잘하고 관계도 좋습니다. 모든 사람과 잘 지내고자 하기 때문에 누가 부탁을 하면 거절을 못합니다. 이기적인 아이라고 생각할까봐 염려하기 때문입니다.

친구와 가족 말고도 다양한 사람들을 만나기를 좋아합니다. 폭 넓고 좋은 관계를 맺기 때문에 함께 일하면 효과성이 아주 높습니다. 하지만 친구나 다른 사람에게 많은 배려와 도움, 그리고 애정을 쏟은 만큼 칭찬이나 좋은 반응이 돌아오지 않으면 매우 힘들어하고 새침해지기도 합니다. 심하면 짜증을 내거나 불평하는 경우도 있습니다. 2유형 아이들은 인정받고 관심 받고, '좋은 아이구나'라는 말을 듣고 싶어 하기 때문에 존재 가치가 얼마나 큰지를 알고 칭찬해주는 것이 매우 중요합니다.

2유형 성향 아이의 강점

· 따뜻한 마음으로 다른 사람을 도와줍니다.

· 친절하고 상냥한 태도로 호감 가는 인상입니다.

· 다른 사람의 필요 욕구를 알아차립니다.

· 밝고 쾌활한 성격과 사교적인 태도로 주변에 사람이 많습니다.

· 관계를 중요시하고 커뮤니케이션에 능합니다.

에니어그램 코칭맘

2유형 성향 아이의 보완점

· 소유욕이 강하며 조정하려 듭니다.

· 타인 중심적이며 의존적입니다.

· 거절을 잘 못합니다.

· 민감하며 감정을 지나치게 표현합니다.

· 자신의 욕구를 잘 모릅니다.

공부 코칭 처방전

2유형 성향의 아이들은 친구나 엄마와 잘 지내고 싶어 할 뿐만 아니라 같이 있고 싶어 합니다. 혼자 공부하기보다는 친구랑 같이하고 싶어 합니다. 마음 맞는 몇 명의 친구들과 공부한다면 효율성도 아주 좋습니다. 특히 어릴수록 엄마와 함께 놀이를 하거나 공부하는 등 엄마와 상호작용하면서 함께하는 것이 효과적입니다. 아이가 관심을 갖고 있는 교사와 함께 공부한다면 더 좋은 결과를 낼 수도 있습니다. 즉 누구든 상호작용을 잘할 때 집중력이 상승합니다. 더 잘하는 것은 엄마나 교사의 인정과 칭찬에 민감하게 반응하기 때문입니다. 친구나 엄마의 반응에도 민감하므로 지나치게 엄하거나 강압적이면 아이가 움츠러들고 자존감이 떨어질 수 있습니다.

아이가 편하게 공부할 수 있도록 친절한 말투로 도와주고 조금이라도 성과를 이루면 많은 관심과 칭찬이 필요합니다. 또한 친구들을 좋아하기 때문에 유치원이나 학교에서 귀가하자마자 필요한 학습부터 먼저 하는 습관을 들여야 합니다. 과제부터 한다는 규칙이 있더라도 친구가 도움을 요청할 경우 관계가 더 중요하기 때문에 규칙을 무시할 수 있습니다. 예를 들어 학교 숙제를 하다가도 친구가 같이 놀자고 말하면 하던 과제를 밀쳐놓고 친구랑 노는 경우가 있습니다. 그렇기에 2유형 성향의 아이는 우선 해야 할 일을 정하고 먼저 한 뒤에 놀거나 다른 일을 하도록 습관을 들이는 것이 중요합니다. 모든 관심이 외부에 있기 때문에 다른 곳에 신경 쓰다가 해야 할 일을 놓치기 십상이기 때문입니다.

사례_귀가 후 해야 할 일을 바로 하도록 할 때

엄마: 다영아, 오늘 어떤 재미있는 일이 있었니?

아이: 수민이랑 재미있게 지냈어요.

엄마: 오늘도 친구랑 재미있었구나.

아이: 네.

엄마: 뭘 하면서 재미있는 시간을 보냈어?

아이: 쉬는 시간에 인형놀이 했어요.

엄마: 수민이랑 같이 놀이해서 더 재미가 있었겠구나. 자, 지금은 우리
　　　뭐부터 할까?

아이: 오늘 수학 먼저 할게요

엄마: 수학을 먼저 할래?

아이: 네.

엄마: 그럼 엄마는 뒤에 있을 테니 시작해볼까?

아이: 네.

아이의 감정을 공감해주고 우선 자신이 해야 할 일이 무엇인지 질문해주는 것이 좋습니다. 특히 감정을 공감해주고 함께해주면 인정받았다고 생각하기 때문에 충분히 만족감을 얻을 수 있습니다. 그리고 엄마는 아이가 스스로 선택할 수 있도록 친절하게 질문을 해주면 좋습니다. '너는 충분히 잘 할 수 있어'라고 격려해주거나, '이 공부해서 누군가에게 알려줄 수 있단다', '도움이 필요한 사람을 도와줄 수 있단다'라고 아이의 내적 욕구를 충족시켜주면 동기부여가 되어 흥미를 갖고 공부할 수 있습니다. 관계성을 매우 중요하게 생각하는 2유형 성향의 아이이므로 학교나 유치원이 끝나면 바로 자기 할 일을 할 수 있도록 어려서부터 습관을 들이는 것이 중요합니다. 종종 친구랑 같이 공부하기를 원할 때도 있습니다. 관계지향적인 성격이라 친구랑 함께 학습하는 것도 아주 좋은 방법입니다. 그룹으로 공부해도 매우 효율적입니다. 이럴 때 친구들과 얘기하고 노느라 할 일을 마냥 미뤄놓을 수도 있으므로 엄마는 아이와 얘기해 적절한 규칙을 정해놓는 것이 좋습니다. 예를 들어 각각 30분씩 숙제를 하고 그다음에 친구랑 재미있게 놀이하도록 할 수 있습니다.

감정 코칭 처방전

2유형 성향의 아이는 긍정적인 면만 보려고 노력합니다. 인간관계가 중요하기 때문에 다른 사람이 자신을 어떻게 생각하는지에 촉각을 세웁니다. 자신의 사랑하는 감정을 친구들에게 표현하고 싶어 합니다. 자신이 좋아하는 사람들에게 친절하고 상냥하게 웃으면서 도와주고 좋은 일을 할 때 기분이 좋아집니다. 엄마에게 다정하게 다가올 때 엄마는 반드시 아이의 감정을 받아주어야 합니다. 만약 아이의 관심과 호감을 받아주지 않으면 버림받았다고 느껴 매우 슬퍼하며 울기도 잘 합니다. 친구들과의 관계에서도 나름 친절과 도움을 주었는데 친구들이 반응을 하지 않으면 거절당한 느낌이 들어 매우 속상해하면서 불안해하기도 합니다. 아이가 귀가 후 우울해한다면 엄마는 아이의 감정을 다독여주어야 합니다. 이때 '너는 왜 이리 징징거리니' 하면서 비난하면 아이는 더욱더 상처받고 우울해집니다.

2유형 성향의 아이에게는 충분한 공감이 필요합니다. 특히 무엇인가 도움을 받았다면 반드시 '고마워', '최고야'라고 감사표시를 해야 합니다. 안 그러면 몹시 불안해하거나 심하면 짜증을 내기도 합니다. 하지만 살아가면서 매번 원하는 피드백을 받을 수는 없기 때문에 엄마는 자연스럽게 아이의 감정을 공감하면서 대화해야 합니다. 2유형 성향의 아이는 상대가 자신에게 집중해주기를 바랍니다. 그러나 지나치게 다른 사람의 비위를 맞추려고 하는 태도는 좋지 않을 수 있으므로 근거 없는 칭찬보다는 아이를 인정하는 태도롤 보여야 합니다. 또 자기주장을 할 수 있도록 질문을 통해 힘을 키워줘야 합니다.

사례_아이가 집안일을 도와줄 때

아이: 엄마 제가 도와줄까요?

엄마: 정말?

아이: 엄마가 바쁘니까 제가 빨래 널게요.

에니어그램 코칭맘

엄마: 미처 못 넣었는데 고마워. 덕분에 맘 편히 반찬 할 수 있겠다.

아이: 다 넣었어요.

엄마: 민수야 고마워. 우리 민수가 도와줘서 엄마가 얼마나 도움이 되는지 몰라.

아이: 뭐 또 도와줄 것 없어요?

2유형 성향의 아이는 엄마의 상황을 잘 살펴서 도와줍니다. 늘 도와주기 때문에 당연하게 생각하면 안 됩니다. 몇 번이 되었든 도움을 받았다면 반드시 감사의 마음을 표현해야 됩니다. 아이는 상대에게 긍정적 피드백을 원합니다. 고마움을 표현하거나 칭찬할 때는 도움을 받은 것에 대해 구체적으로 표현해야 합니다. 특히 이 유형의 아이는 엄마의 애정어린 관심과 칭찬에 큰 자부심을 느낍니다.

사회성 코칭 처방전

2유형 성향의 아이는 모든 친구들과 잘 지내기를 바랍니다. 성격이 활발하고 사교적이며 친구들의 마음도 잘 알아채기 때문에 친구들에게 무엇이 필요한지 또 어떻게 해줘야 하는지를 금방 압니다. 쉬는 시간에도 친구들을 챙깁니다. 친구가 준비물은 챙겨왔는지, 숙제는 했는지 등을 살피기도 하지요. 이 유형의 아이는 친구들에게 '좋은 아이', '친절한 아이'라는 평가를 듣기 원하므로 부탁을 거절하지도 못합니다. 속으로는 힘들어 거절하고 싶어도 친구들의 부탁은 들어주는 것이 당연하다고 생각하기 때문에 거절하지 못합니다. 뿐만 아니라 자신의 필요는 그리 중요하지 않다고 생각합니다. 즉 자신이 원하는 일을 하는 건 이기적이라고 생각하며 무조건 양보하는 경향이 있습니다. 친구들에게 도움을 주는 착한 아이가 되고 싶은 마음에 종종 도움을 청하지도 않았는데 친구를 돕겠다고 나서기도 합니다. 그때 친구가 도움을 거부하거나 불쾌하게 생각하면 매우 서운해합니다. 친구를 도와줘야겠다는 마음으로 나섰는데 반응이 차가울 경우는 매우 속상해하며, 때로는 집에 와서 엄마한테 짜증을 내거나 화를 내는 경우도 있습니다. 이때 엄마는 밖에서 힘들어한 것을 인정해주고 공감해줘야 합니다. 엄마의 따뜻한 말 한마디가 아이의 속상한 감정을 어루만져줄 수 있습니다.

사례_친구와의 관계에서 감정적으로 속상해할 때

엄마: 왜 이렇게 시무룩하니? 오늘 무슨 일 있었어?

아이: 수민이가 싫대.

엄마: 수민이가 왜?

아이: 내가 도와주려는데 싫다고 했어.

엄마: 친구를 도와주고 싶었는데 싫다고 해서 속상했구나.

아이: 슬퍼요.

엄마: 소현이가 수민이를 도와주려고 한 마음은 정말 좋은 거야. 그런데 이렇게 한번 생각해볼래? 입장을 바꿔서 소현이가 하고 싶은 일이 있는데 그것을 수민이가 해주겠다고 하면 어떨 것 같아?

아이: 내 일인데 내가 해야지.

엄마: 그렇지? 아마 수민이도 자기가 하고 싶었을 거야.

에니어그램 코칭맘

아이: ······

엄마: 소현아, 친구를 도와주고 싶다면 먼저 '도와줄까?' 하고 물어보
는 게 어떨까? 친구가 도와달라고 하면 그때 도와주면 되지 않을까?

아이: 네.

2유형 아이는 자신이 친구나 주변사람들에게 도움이 되어야 한다고
생각하며 도와달라고 말하지 않아도 먼저 나서서 도와주곤 합니다. 이
때 엄마는 먼저 도와주고 싶은 마음을 공감해주고 칭찬해줘야 합니다.
그리고 나서 도움을 요청할 때 도와주는 것이 더 적절하다는 점을 천천
히 친절하게 알려줘야 합니다.

자기주장과 의사결정

2유형 성향의 아이는 다른 사람들에게 도움이 되고자 하며 좋은 인상
을 주고 싶어합니다. 그래서 다른 친구들의 의견을 소중히 여겨주고 잘
맞춰줍니다. 반면에 친구들에게 자기 의견을 말하면 너무나 이기적이
라고 생각할까봐 자기주장을 잘 못합니다. 이럴 경우 엄마가 아이의 어
떤 의견이든 소중히 생각해주고 아이를 믿고 있다는 것을 보여주면 아
이도 자신있게 주장할 수 있게 됩니다. 2유형 아이에게는 자주 물어보
는 것이 좋습니다. 아이가 자신의 욕구를 누르며 잘 표현하지 않으므로
조용히 시간을 함께 보내면서 아이 스스로 자기 내면의 욕구가 무엇인
지 알 수 있게 도와주세요. 엄마가 관심을 갖고 아이의 욕구가 무엇인
지 다양하게 질문하는 것이 포인트입니다.

무엇을 갖고 싶니?

무엇이 먹고 싶니?

어디 가고 싶니?

하고 싶은 것이 무엇이니?

좋아하는 색깔은 무슨 색이니?

어떤 애완동물을 키우고 싶니?

자기관리 및 습관 코칭 처방전

2유형 성향의 아이는 미리 정해진 생활습관을 잘 지키려고 노력합니다. 유치원이나 학교에 잘 가는 것은 규칙을 잘 지키고 모범생이 되기를 원하기 때문입니다. 그렇게 행동함으로써 선생님께 칭찬받는 것을 좋아하며, 선생님도 잘 도와주는 착한 아이입니다. 유치원이나 학교에 갔다와서 시무룩해져 있거나 등원거부나 등교거부를 한다면 아이의 친구관계가 원만한지 천천히 살펴볼 필요가 있습니다. 2유형 성향의 아이는 친구관계가 아주 중요하기 때문이지요. 친구뿐만 아니라 웃어른과도 친밀하게 잘 지냅니다. 초등학교 3학년 재민이는 주말이면 꼭 같은 동네에 사는 할머니와 할아버지 집에서 지냅니다. 할머니께 커피도 타드리고 안마도 해드립니다. 집안일도 도와주고 할아버지 말벗도 해주며 살갑게 잘 지냅니다. 또한 선생님이나 웃어른께 인사도 잘하고 예의바릅니다. 아파트 경비아저씨나 동네 어른들께도 인사를 잘해서 동네에서 모르는 사람이 없을 정도죠. 그러나 많은 사람들에게 '착한 아이', '상냥한 아이', '예의바른 아이'라는 평가를 원해 화가 나도 잘 표현하지 않는 경우가 있으니 자신의 감정을 표현해도 좋다는 말을 자주 해주세요. 화가 나면 참지 말고 자신의 감정을 솔직하게 표현해도 된다고 말해주어야 합니다.

종종 2유형 아이는 힘들거나 불안한 마음이 생기면 먹는 것으로 스트레스를 풀기도 합니다. 즉 많이 먹거나 많이 자는 경우가 있습니다. 이때 엄마는 대화를 통해 아이에게 무슨 걱정이 있는지를 살펴보아야 합니다. 혹시 아이가 슬퍼할 수도 있습니다.

2유형 아이들은 친구나 많은 사람들과 잘 어울리고 싶어 하기 때문에 엄마는 그룹 현장학습이나 모임활동에 참여할 수 있도록 기회를 많이 만들어주는 것이 좋습니다. 많은 사람들과 자연스럽게 어울릴 수 있도록 여행을 가도 매우 좋습니다.

❖ 2유형 성향 아이, 이것만은 잊지 마세요! ❖
- 아이가 도와주고 도움이 되는 일에 대해 반드시 칭찬의 말을 해주세요.
- 다른 사람을 돌보는 것도 아주 훌륭한 일이지만, 자신을 돌보는 일 역시 중요하다는 것을 꼭 알려주세요.
- 다른 사람이 칭찬하거나 인정해주지 않아도 스스로 빛나는 존재임을 알려주세요.
- 아이의 욕구를 자주 물어봐주세요.
- 아이의 말을 잘 들어주고 상냥하게 대화해주세요.

상상력과 창의성을 키워주는 '만약에' 언어놀이

언어는 마술과도 같습니다. 상상력이 듬뿍 묻어나는 언어놀이를 통해 아이의 상상력과 창의력을 키워줄 수 있습니다. 엄마의 고정관념을 넘어선 언어놀이 질문을 합니다. 그러면 아이는 우리가 생각지도 못한 엉뚱한 답을 할 것입니다. 이때 엄마는 '말도 안돼'라고 윽박지르거나 설득하려고 해서는 안 됩니다. 아이가 어떠한 말을 하더라도 끝까지 듣고 아이와 함께 하나씩 정리해보는 것이 중요합니다.

· 만약에 핸드폰이 모두 사라진다면?
· 만약에 사람이 물고기처럼 바닷속을 마음껏 헤엄칠 수 있다면?
· 만약에 코뿔소를 집에서 키운다면?
· 만약에 귀가 없다면?
· 만약에 아파트 옥상에 올라가서 별을 딸 수 있다면?
· 만약에 강아지가 말을 한다면?
· 만약에 달까지 에스컬레이터가 놓였다면?

3유형_목표를 달성해내는 성취지향형 아이

무슨 일이든 척척 해내는 능력 있는 아이

3유형 성향의 아이는 다른 친구들과 잘 지내고, 어떤 일이든 최선을 다해 열심히 노력한 끝에 결과를 도출하는 아이입니다. 활기차고 적극적이며 항상 바쁘게 움직입니다. 현실적이며 끈기 있게 결과물을 만들어냅니다. 공부든 예체능이든 3유형 성향의 아이는 어느 분야에서든 롤모델이 될 만큼 유능한 아이입니다. 목표지향적이라 스스로 목표를 세우고 재빠르게 행동해 자신이 원하는 결과를 얻어냅니다. 하지만 자신이 하고자 하는 일에는 인내심을 갖고 최선을 다하지만 자신에게 도움이 안 되거나 중요하지 않다고 생각하는 일에는 관심이 없는 편입니다.

다재다능한 아이라 언제나 선생님이나 어른들께 칭찬받고 인정받습니다. 엄마나 선생님 등 많은 사람이 자신을 자랑스럽게 여기는 것을 매우 좋아합니다. 이 유형의 아이는 사람들의 마음을 움직이게 하는 능력이 있으며, 어떤 상황에서도 자신이 최고로 멋있게 보이는 것을 중요하게 생각합니다. 그러다보니 당연히 많은 친구나 사람들을 설득하고 이끄는 리더로서의 능력이 탁월합니다. 자신의 능력이 뛰어나기 때문에 다른 친구들이 일을 척척 해내지 못하는 것을 보면 무능하다고 생각하기도 합니다. 친구들의 감정을 배려하지 못하고 종종 함부로 대할 때도 있습니다. 어떤 상황에서든 자신이 그렇듯이 친구들도 능력 있어 보이기를 원하기 때문입니다. 외적인 부분에 신경을 많이 쓰고, 세련된 옷차림과 감각 있는 유행에 민감합니다.

언제나 멋진 결과를 원하기 때문에 순간적인 기회를 잘 포착합니다. 하지만 자신이 하는 일이 실패할 수도 있다는 것에 대해서는 별로 생각하지 않습니다.

언제나 잘하고 싶고 칭찬받고 싶은 마음이 크기 때문에 한꺼번에 많은 일을 무리하게 하느라 쉽게 지치기도 합니다. 자신이 원하는 일이 잘 안 되었을 때는 짜증도 내고 매우 힘들어합니다.

3유형 성향 아이의 강점
· 긍정적인 사고와 자신감 있는 태도로 일을 적극 추진합니다.
· 빠르고 효율적인 일 처리로 만족할 만한 결과물을 도출합니다.
· 뚜렷한 목적의식을 향해 매진하는 다재다능한 아이입니다.
· 동기부여에 능하며 다방면에서 롤모델이 됩니다.
· 성취지향적이고 결과를 중요시합니다.
· 어느 환경에서든 적응력이 뛰어나며 리더의 모습입니다.
· 매력적이며 깔끔한 이미지와 당당한 자세로 호감가는 아이입니다.

에니어그램 코칭맘

3유형 성향 아이의 보완점

· 경쟁적이며 지나치게 결과 중심적입니다.

· 자기 자랑이 있습니다.

· 가식적입니다.

· 자기중심적입니다.

· 기회주의적인 경향이 있습니다.

공부 코칭 처방전

3유형 성향의 아이는 잘하고 싶고 인정받고 싶은 욕구가 크기 때문에 학습 목표가 분명합니다. 좋은 결과를 얻기 위해 때론 친구들과 경쟁하기도 합니다. 공부에 목표를 세웠다면 스케줄대로 열심히 집중해서 노력하는 아이입니다. 어떻게든 이루기 위해 바쁘게 움직이고 인내심이 강합니다. 머리도 똑똑하고 조직력이 강해 유치원이나 학교에서 우수한 학생이 되기도 합니다. 항상 선생님께 사랑받고 칭찬받고 싶어 하며 실질적으로 칭찬을 많이 받는 아이입니다. 늘 인정을 받으려고 하다 보니 가끔 독단적인 행동을 하기도 합니다. 선생님께 인정과 칭찬을 받기 위해서입니다.

욕심이 많아 배우고 싶고 하고 싶은 것도 많은 아이입니다. 3유형 성향의 아이는 학원도 몇 군데 다니고 방과후 프로그램도 여러 가지 수강합니다. 그러면서도 짬짬이 친구들과 놀기도 하지요. 정말 3유형 아이는 바쁘게 하는 일이 많습니다. 어쩔 때는 자신이 감당하기 힘들 만큼 배우는 것도 많고 활동하는 것도 많습니다. 어떠한 것도 소홀히 하지 않고 최선을 다해 노력합니다. 종종 자신이 원하는 결과를 얻기 위해서는 과정이 어떻든 상관없다고 생각하기도 하며, 원하는 결과가 나오지 않을 땐 못 견뎌 하기도 합니다. 그럴 때 엄마는 노력과 성과를 칭찬해 주고, 과정도 중요하다는 점을 자연스럽게 알려줘야 합니다.

사례_너무 좋은 결과만 추구할 때

엄마: 오늘 어땠니?

아이: 으악, 짜증나! 속상해.

엄마: 왜 그렇게 짜증나고 속상했니?

아이: 아, 95점 받을 수 있었단 말이야.

엄마: 뭐?

아이: 이것 보세요.

엄마: 90점! 대단하구나, 우리 재혁이 잘했구나.

아이: 15번 문제, 실수만 안했어도. 아~ 억울해.

엄마: 아깝겠다. 그렇게 열심히 공부했는데.

아이: 영어점수 95점 받아야 되는데...

엄마: 그래도 엄마는 좋은데? 이만큼 한 것도 정말 기뻐.

아이: 음.

엄마: 엄마는 재혁이가 열심히 영어단어 외우고 잠도 줄이면서 시험준비한 것이 더 자랑스러워. 다음엔 더 잘하자!

아이: 응.

에니어그램 코칭맘

엄마들이 명심해야 할 점은 아이가 결과에 대해 당혹스러운 말을 하더라도 바로 대응하지 말아야 한다는 것입니다. 무엇보다도 아이의 말을 반복해서 들어주며 상황을 잘 파악해야 합니다. 많은 엄마들이 대부분 잘한 것만, 즉 결과가 좋아야만 칭찬을 합니다. 그러나 특히 3유형 성향의 아이에게는 결과에 대한 칭찬도 필요하지만, 노력한 과정에 대한 칭찬도 놓치지 말아야 합니다. 열심히 노력한 마음을 읽어주는 것을 잊지 말아야 합니다. 구체적으로 노력한 것을 콕 집어서 칭찬하는 것은 아이들에게 더 열심히 하려는 동기부여가 됩니다. 즉 열심히 한 과정을 칭찬하면 자존감이 높아질 뿐만 아니라 동기부여도 되는 겁니다. '네가 최고다', '네가 일등이다'라는 등의 너무 지나친 칭찬과 인정은 성취중심의 사고를 강화할 수 있습니다. 열심히 한 과정에 맞추어 적절히 칭찬해주는 것이 포인트입니다.

감정 코칭 처방전

3유형 성향의 아이는 다른 사람의 평가나 칭찬에 아주 민감합니다. 그러다 보니 자신이 진정 무엇을 원하는지 자신의 감정을 간과하기 쉽습니다. 목표와 결과 중심으로 생활하다 보면 자신의 감정에 머물기가 어렵기 때문입니다. 이때 엄마는 잠재된 감정을 이끌어내어 느낀 감정을 자주 표현하도록 도와야 합니다. 아이가 무엇을 정말로 좋아하는지 자주 질문해주기 바랍니다. 그렇게 함으로써 아이가 정말 관심을 가지고 있는 것과 진정 좋아하는 것의 우선순위를 알 수 있도록 도울 수 있습니다. 또한 아이가 잘하는 일을 칭찬하는 것은 매우 좋습니다. 하지만 많은 사람들에게 드러내놓고 자랑하는 것은 조심해야 할 부분입니다. 자칫 너무 과하게 한쪽으로 강화될 수 있기 때문입니다. 그러다 보면 아이는 많은 사람이 늘 자신을 칭찬해야 된다고 생각하고, 칭찬을 받지 못할 때는 자신이 가치 없다고 생각해 시무룩하거나 짜증을 낼 수 있습니다.

사례_칭찬받지 못해 속상해할 때

엄마: 오늘 어떻게 지냈니?

아이: 내가 오늘 그림 잘 그렸는데 선생님께서 칭찬을 안 했어.

엄마: 아~ 현경이가 선생님께 칭찬받고 싶었구나.

아이: 나 잘했는데.

엄마: 잘 했는데 선생님께서 칭찬 안 해줘서 속상했구나.

아이: 응. 내가 색칠을 꼼꼼히 안 해서 그런가봐.

엄마: 아~ 색칠을 꼼꼼히 안 했니? 그럼 어떻게 해야 할까?

아이: 다음부터는 좀 더 꼼꼼히 색칠해야겠어요.

아이들이 속상해할 때는 먼저 그 감정을 읽어줘야 합니다. 칭찬받고 싶은 마음이 큰데 칭찬받지 못해서 시무룩한 아이에게 '너 왜 그러니?', '왜 그렇게 짜증내니?' 하면서 다그치듯 몰아붙이면 더욱 짜증이 날 수밖에 없습니다. 기분이 안 좋아 의기소침할 때 아이에게 공감해주면 아이는 편안함을 느낄 수 있기 때문에 다음에 어떻게 해야 하는지를 스스로 터득해 갈 수 있습니다.

친구들 사이에서도 3유형 성향의 아이는 능력 있고 뭐든지 잘한다는 평가를 받습니다. 하지만 아이는 평가뿐만 아니라 친구들이 자신에게 직접 '멋지다'거나 '최고야'라는 칭찬을 해주기를 바랍니다.

이 유형 아이는 친구들과의 관계에서도 우위에 서고 싶어 하는 마음이 강하기 때문에 목표를 세워 추진해가는 과정에서 친구들과 경쟁 구도를 갖기도 합니다. 그러다 보면 친구 관계가 얕아지거나 갈등이 생길 수 있으므로 엄마는 친구들의 소중함을 알고 계속 사이좋게 지내도록 격려해주어야 합니다.

사례_친구와 계속 잘 지내도록 격려할 때

엄마: 요즘 민지랑 어떻게 지내?

아이: 응. 이제는 잘 지내요.

엄마: 민지랑 잘 지내는구나.

아이: 네.

엄마: 민지랑 잘 지내니 엄마 마음이 편하구나. 앞으로도 민지랑 서로
　　　도우며 지금처럼 잘 지내면 좋겠어. 수현이는 어떻게 생각해?

아이: 음, 좀 더 도우며 잘 지내야겠어요.

엄마: 좋아.

3유형 아이는 친구들을 잘 이끄는 리더입니다. 다른 친구들도 자신처럼 능력 있거나 자신처럼 되고 싶어 한다고 믿기 때문에 그렇지 않은

친구를 이해하기 어려워합니다. 그러다 보면 갈등이 생기거나 친구들에게 실망하고 마음을 닫는 경우도 있습니다. 친구들에게 인기도 많고 아는 사람도 많은 이 유형의 아이가 친구들과의 관계를 더 소중히 여기고 친밀한 관계가 되도록 격려해주세요. 친구랑 서로 도우며 잘 지내라고 격려해주면 좋습니다.

자기주장과 의사결정

3유형 성향의 아이는 언어 표현 능력이 좋습니다. 말투가 빠르고 다른 사람들에게 설득적인 어투를 쓰다 보니 다소 명령적이거나 지시적인 경우도 있습니다. 유창한 말솜씨로 자신 있고 당당하게 자신을 드러내는 데 탁월합니다. 또한 스스로 자신의 의지대로 의사결정을 합니다. 단호하게 결단하는 능력이 있으므로 이럴까 저럴까 꾸물대며 시간 낭비하는 것을 좋아하지 않습니다. 바로 결정하고 일을 처리한 뒤 바로바로 다음 일처리를 합니다. 그러다 보니 친구들이나 주변 사람들이 결정을 주저하거나 바로 실행하지 않으면 답답해합니다. 엄마는 우리가 사는 세상에는 서로 다른 성향의 친구들이 있다는 것을 이야기해줘야 됩니다.

자기관리 및 습관 코칭 처방전

3유형 성향의 아이는 매우 긍정적으로 유치원이나 학교생활을 하기 때문에 시간을 잘 지켜 기상합니다. 인정받고 칭찬받기 위해서 부지런히 깔끔하게 자기 자신을 가꿉니다. 아이가 유치원 등원이나 학교 가기를 거부한다면 선생님이나 친구들 관계에서 인정을 받지 못하는 경우가 있기 때문에 잘 살펴보기 바랍니다. 아이는 많은 사람들에게 좋은 인상을 남기고 싶어 하기 때문에 예의바른 행동을 하고, 표정이나 옷차림 등도 깔끔하게 자기관리를 잘합니다.

자신이 원하는 일을 위해서는 많은 계획을 세우고 지나치게 몰입하고 집중합니다. 그러다 보면 다른 의무를 소홀히 할 수 있습니다. 즉 자신이 해야 할 과제에 빠져 잠자는 시간이나 먹는 시간 등이 불규칙해질 수 있습니다. 지나치게 잘하려고 애쓰며 긴장하는 유형이라 쉬는 시간이나 노는 시간도 아깝다고 생각하기 때문에 3유형 자녀에게는 할 일도 좋지만 자거나 쉬거나 놀 수 있는 마음의 여유를 주는 것이 좋습니다. 아이가 좋아하는 음악을 틀어주고 편하게 휴식할 수 있도록 해줘야 합니다. 재미있게 읽을 수 있는 책을 준비해 아이와 함께 책읽기를 해도 좋습니다.

사례_자신이 정한 목표를 달성하기 위해 늦게 잠잘 때

엄마: 재영야, 잘 시간인데 아직 멀었니?

아이: 엄마, 이것을 해야 해.

엄마: 오늘 꼭 해야 되는 거니?

아이: 아니 꼭 그렇지는 않아요.

엄마: 지금 시간이 많이 늦었어.

아이: ······

엄마: 벌써 잘 시간이 지났는데, 잠을 충분히 못자면 재영이 건강이 나

빠질까봐 엄마는 걱정이 되는구나. 재영이는 어떻게 생각해?

아이: 음, 알겠어요. 이제 잘게요.

아이에게 엄마의 메시지를 전하고 싶을 때에는 걱정되는 마음을 담아 이야기하면 좋습니다. 엄마가 자신을 정말 걱정하고 있다는 것을 알기에 아이도 엄마의 마음을 이해하게 됩니다. '빨리 자라', '그만하고 자' 이런 식으로 이야기하면 아이들은 크게 움직이지 않습니다. 반드시 엄마의 감정 상태를 넣어서 이야기하는 것이 효과가 좋습니다. 이것은 코칭에서 피드백 기법이라고 말하는 것으로 엄마가 아이에게 어떤 말을 해야 할 때 사용하면 좋은 팁입니다.

❖ 3유형 성향 아이, 이것만은 잊지 마세요! ❖

- 아이가 노력한 성과에 대한 칭찬을 꼭 해주세요.
- 너무나 과한 인정과 칭찬은 성취 중심 사고를 강화하기 때문에 중립적 언어로 칭찬해주세요
- 결과도 중요하지만 과정도 중요하다는 점을 꼭 이야기해주세요.
- 자신이 정한 목표와 관련된 것에는 몰두하지만 주변을 살피고 돕는 일에는 다소 소홀할 수 있으므로 함께 잘 지내는 일에 대해서도 말해주세요.
- 음악듣기나 책읽기 등 마음의 여유를 갖고 편안하게 휴식을 취할 수 있게 해주세요.

아이의 자존감을 업시키는 방법

아이들은 이 세상에 존재하는 것만으로도 소중합니다. 어떤 결과가 있어야 한다는 조건부가 아니라 있는 그대로 '너는 소중한 존재야'라고 전달해야 합니다. 사랑으로 태어난 내 아이에게 '너는 엄마에게 하나밖에 없는 귀한 존재란다'라고 수시로 말할 때 엄마의 사랑담긴 말 한마디가 아이의 자존감을 업시킬 수 있습니다. 엄마의 믿음과 사랑은 이 세상 어떠한 것보다도 아이에게 큰 영향력을 미칩니다. 아이를 한 존재로서 믿고 기다려주며 지켜보는 것이 엄마의 역할입니다.

무조건적으로 인정하는 말
· 재민이가 엄마 아들이라 기쁘고 행복해.
· 재민이가 엄마 아들이라 고마워.
· 재민이는 엄마에게 하나밖에 없는 소중한 존재야.
· 재민이가 살아 있는 것 자체로 엄마는 기뻐.
· 잘 잤니? 재민이가 웃는 것만으로도 엄마는 엔돌핀이 나와.
· 어서 와. 엄마는 재민이가 유치원에서 즐겁게 생활하고 집에 오기를 기다리고 있었어.
· 그렇구나, 엄마는 재민이를 믿어.
· 엄마는 재민이를 누구보다도 특별하고 소중히 생각해.
· 재민이 생각이 그렇구나.

4유형_특별함을 추구하는 창조형 아이

풍부한 감수성을 가진 내성적인 아이

4유형 성향의 아이는 조용하고 차분하며 말수가 적습니다. 감정이 매우 풍부하고 예민한 내성적인 성향으로 미술활동, 춤추기, 음악, 글쓰기 같은 활동에 적극 참여하고 매우 좋아합니다. 즉 음악적 감수성과 예술적 감각이 뛰어납니다. 특히 아름답고 환상적인 영화감상을 좋아하며, 자주 황홀한 상상의 나래를 펼쳐 다소 현실성이 부족한 면이 있습니다.

이 유형의 아이는 여러 면에서 남과 다른 자신만의 독특함을 추구합니다. 옷이나 소지품도 평범한 것을 싫어해 남과 다른 것을 선호하며, 어린 아이라도 매우 매력적이고 우아한 이미지를 갖고 있습니다. 품위 있는 태도와 도도한 표정, 그리고 귀족적인 용모를 갖고 있는 아이입니다. 남과 다른 특별한 나만의 세계에서 의미를 찾으려고 하며, 반복적인 일상이나 의미 없는 일에는 그다지 관심이 없습니다. 즉 4유형 성향의 아이는 자신이 좋아하고 하고 싶은 일은 집중해서 하지만 그렇지 않은 것에는 크게 관심을 갖지도 않고 하려고 하지도 않습니다. 이런 현상은 인간관계에서도 그대로 나타나는데 좋아하는 사람과 싫어하는 사람의 구분이 분명합니다.

감수성이 예민하기 때문에 다른 사람의 마음을 이해하고 공감해주며 이야기도 잘 들어주는 강점이 있습니다. 하지만 지나치게 풍부한 감수성이 예민하게 표현될 때는 감정의 기복이 심합니다. 이럴 때에는 자신의 감정에 빠져 외로워하거나 우울해하기도 합니다. 기분이 나쁘면 혼자 조용히 있으려고 하면서도 엄마가 관심을 가져주기를 바랍니다. 특히 자신을 잘 이해하고 공감해주기를 원합니다. 자신에 대해 깊게 생각하는 아이다 보니 남보다 감정이 깊습니다.

한편 4유형 성향의 아이는 다른 사람들보다 자신을 우선적으로 생각합니다. 모든 것을 타인 우선이 아닌 자기중심적으로 바라보기 때문에 자신의 주관적인 해석으로 다소 오해할 때도 있습니다. 뿐만 아니라 때로는 자신이 갖지 못한 것을 갖고 싶어 합니다. 남들이 갖고 있는 것을 부러워해 다른 사람들을 시기하거나 질투할 수 있습니다. 엄마나 가족, 그리고 친구들의 작은 말투나 행동, 표정에 예민하고 민감하게 반응하기도 합니다. 자존심도 강해 다른 사람들의 반응에 따라 상처를 입고 우울해하는 경향도 있습니다.

4유형 성향 아이의 강점
· 섬세하고 깊은 감정으로 의미 있는 자신만의 독특한 세계관을 갖습니다.
· 세련되고 심미적인 감각이 뛰어난 매력적인 아이입니다.

· 아름다움을 발견해 창조능력이 뛰어납니다.

· 진실함을 추구합니다.

· 풍부한 감수성으로 공감능력이 뛰어납니다.

· 예술적 감각으로 개성 있게 표현합니다.

4유형 성향 아이의 보완점

· 우울합니다.

· 지나치게 감정적이며 감정기복이 심합니다.

· 너무 자신의 내면에 몰두합니다.

· 자의식이 강합니다.

· 시기심과 질투심이 있습니다.

공부 코칭 처방전

이 유형의 아이는 상상력이 풍부하고 감수성이 예민해 예술적 활동에 소질이 있습니다. 글쓰기도 좋아하며 환상적이고 상상력이 풍부한 내용의 책읽기를 좋아합니다. 표정도 비밀스러운 슬픔을 간직한 모습입니다. 학습과제가 있어도 자신이 중요하다고 생각하지 않으면 뒤로 밀쳐놓습니다. 그리고 자신이 흥미 있어 하거나 좋아하는 일에만 몰입합니다. 이때 많은 엄마들은 해야 할 일을 안 하고 엉뚱한 일을 한다고 혼내거나 나무라기 십상입니다. 4유형 성향의 아이는 이렇게 혼내면 더욱더 자신이 인정받지 못했다고 생각해 수치심을 느끼고 우울해하기도 합니다. 엄마들은 아이의 특성을 이해해 우선 감정을 공감해주고 코칭 대화를 나눠야 합니다.

사례_해야 할 과제가 있음을 상기시켜줄 때

엄마: 지민아, 뭐 하니?

아이: 종이인형 만들어요.

엄마: 종이인형 만드는 게 재미있어?

아이: 네.

엄마: 그렇구나. 그런데 지민아, 오늘 숙제는 없니?

아이: 있어요. 수학 숙제예요.

엄마: 숙제는 다 한 거야?

아이: 아뇨. 인형 다 만들고 할 거예요.

많은 엄마들은 아이가 과제를 먼저 하기를 원합니다. 하지만 엄마 생각과는 다르게 4유형 성향의 아이는 자신이 좋아하는 것을 하는 경우가 많습니다. 이럴 때 아이를 다그치거나 강압적으로 지시하면 안 됩니다. '숙제부터 해라', '할 일 다 하고 해' 이런 식으로 지시하면 아이는 크게 상처를 받습니다. 엄마는 아이가 무엇을 하고 싶어 하는지 먼저 아이의 감정을 읽어줘야 합니다. 아이의 마음을 공감한 뒤 숙제나 해야 할 것에 대해 아이와 대화를 나눠보는 것이 좋습니다.

4유형 성향의 아이는 엄마가 강압적으로 이야기하면 상처를 받습니다. 뿐만 아니라 이래라 저래라 하면 고집 부리고 더 안 하기 때문에 4유형 성향의 아이를 둔 엄마들은 너무 학습에 매달리고 있지 않은지 점

에니어그램 코칭맘

검해볼 필요가 있습니다. 아이가 예술적으로 재능이 뛰어나고 좋아한다면 학습은 기본적인 것만 하게 하고, 자녀가 좋아하거나 잘하는 예체능에 집중 투자하는 방법도 좋습니다.

이제 4차 산업혁명 시대에는 창의성을 필요로 합니다. 좀 더 먼 안목에서 자녀의 창의성과 예술성을 발달시켜줄 수 있는 현명한 엄마가 되면 좋겠습니다.

감정 코칭 처방전

일곱 살 민지가 유치원에서 돌아오자마자 서럽게 엉엉 웁니다. 평상시워낙 예민하기에 우는 아이를 보고 엄마는 어쩔 줄 몰라 합니다. 한참후 물어보니 한 친구가 모르고 살짝 건드렸는데 사과하지 않아 속상해서 그랬답니다. 이렇듯 아이는 감수성이 너무나 예민합니다. 이때 엄마는 당황하거나 애써 위로하려고 애쓰지 말고 아이가 실컷 울게 나둬야합니다. 괜히 중간에 달래보겠다고 어설프게 끼어들면 오히려 상처받을 수 있습니다. 아이는 소심하고 여린 감정이 있기에 상처를 많이 받습니다. 그러다 보니 점점 친구들과 거리를 두는 경향이 있습니다. 이렇듯 4유형 성향의 아이는 아주 민감하고 복잡한 정서를 가지고 있어서 많은 엄마들이 아이의 감정적 특성을 이해하지 못해 매우 힘들어 합니다. 이 성향의 아이에게는 어떠한 감정이든 무조건 공감이 우선입니다. 아이의 입장에서 어떠한 감정이든 '그런 감정이 드는구나' 하고 공감해주고 기다려주는 자세가 필요합니다.

또한 아이가 혼자 있기를 원한다면 그냥 혼자 있게 두는 것이 좋습니다. 아이의 감정을 이해하고 공감하고 수용해주는 자세가 아주 중요합니다. 남과 비교해서 자신이 좀 부족하다고 생각하기 때문에, 특히 동생이 있을 경우 시기하고 질투의 감정을 표현할 수 있습니다. 동생만 좋아한다고 질투하고 토라질 수도 있으니 시기한다고 혼내지 말고 엄마의 관심과 사랑받고 싶은 심정을 공감해주는 것이 포인트입니다.

사례_울고 있는 동생을 달래주는데 질투할 때

아이: 엄만, 수혁이만 좋아해.

엄마: 엄마가 수혁이만 좋아하는 걸로 보였어? 속상했겠구나?

아이: 엄마는 수혁이가 더 좋지?

엄마: 그건 절대 아니야. 수혁이가 울어서 달래주고 있었던 거야. 많이 속상했구나.

아이: 맨날 엄만 수혁이만 안아주잖아.

엄마: 미안해, 엄마는 지연이도 사랑한단다.

아이: ……

엄마: 지연이가 수혁이만 예뻐한다고 생각하면, 엄마는 너무 속상한걸?

아이: 정말 수혁이만 이뻐하는 거 아니지?

엄마: 아니야, 엄만 지연이를 이렇게 사랑하는 걸. 이리와. (안아준다)

4유형 성향의 아이뿐만 아니라 모든 아이들에게 해당되는 사례입니다. 한동안 사랑을 받다가 동생이 태어나면 아이들은 자신의 사랑을 빼앗겼다고 생각하기 쉽습니다. 많은 엄마들이 큰애는 스스로 놀 수 있고 아기는 이것저것 돌봐야 한다고 생각해 큰애가 질투해도 '넌 언니잖아', '넌 형이잖아' 하면서 아이의 감정을 무시해버리는데, 이럴 경우 아이들은 상처를 받습니다.

큰아이도 아직 엄마의 손길과 사랑과 관심을 받아야 하는 시기임을 잊지 말고 아이와 솔직하고 진솔하게 대화해야 합니다. 먼저 아이의 속상한 마음에 반드시 공감하고 동생을 돌보는 이유를 알아들을 수 있게 말해야 합니다. 무엇보다 동생과 똑같이 사랑한다는 것을 알려줍니다. 엄마의 마음을 오해해서 엄마도 속상하다는 것을 아이에게 표현하며 반드시 아이를 안아주고 풀어줘야 합니다. 엄마는 아이들을 다 사랑하지만 아이 입장에서 보면 동생이 엄마의 사랑을 독차지한다고 생각할 수도 있기 때문에 항상 공평하게 사랑을 나눠줘야 합니다. 특히 아이가 어리다고 그냥 지나치지 말고 어린 동생을 돌봐야 하는 상황을 진실하게 이야기해야 됩니다. 4유형 성향의 아이는 진실성을 중요시 여기기 때문입니다.

사회성 코칭 처방전

자신의 감정 세계를 중요시 여기는 4유형 성향의 아이는 친구나 엄마, 그리고 어른들이 자신을 이해해주기를 바랍니다. 그래서 친구 관계에서도 자신을 이해해주는 친구들과 관계를 맺고 싶어 합니다. 친밀하면서 깊게 사귀기를 원해 여러 명을 알기보다는 몇몇 친구들만 친하게 지내려고 합니다. 초등학교 2학년 은주는 학교 국어시간에 잔잔한 음악이 흐르며 시가 낭송되는 영상을 보고 감정에 푹 빠져 엉엉 운 적이 있었습니다. 그때 친구와 선생님은 왜 우는지 이유를 몰라 당황했습니다. 4유형 아이들은 자신의 감정에 진실하기 때문에 슬프면 소리 내어 우는 것이지요. 친구들과 운동장에서 놀 때 하늘에 떠다니는 구름을 보고 '구름이 하늘에 떠다니는 의미가 있을 거야'라고 말하기도 합니다. 이때 친구들이 자신의 마음을 이해해주지 못하면 섭섭해하기도 합니다. 친구들이 자신을 잘 이해하지 못하다고 느껴 스스로 친구들과 동떨어져 아웃사이더가 되기도 합니다. 이때 엄마는 폭넓은 사회성을 길러주고 싶어 다양한 친구들이 있는 활동에 참여시키거나 낯선 환경에 노출시키려 합니다. 하지만 4유형 성향의 아이는 부담스러워하며 오히려 조용히 지내거나 소수의 친구들과만 지내려 합니다. 다른 사람이 자신을 이해해주기를 지나치게 바라기 때문에 아이와 얘기를 나눌 때 다른 사람 입장을 생각할 수 있는 질문을 해주는 것이 좋습니다. 특히 친구들과 관계가 소홀해지지 않도록 엄마가 도와줘야 합니다.

"다른 친구들은 너의 행동에 대해 어떻게 생각할까?"
"친구들이 너에게 무엇을 기대할까?"
"친구들은 너에게 어떤 말을 듣고 싶을까?"

4유형 성향의 아이들은 타인의 입장보다 자신의 감정이 우선입니다. 특히 친구들도 자신에게 관심을 갖고 이해해주기 바랍니다. 엄마는 아이가 다른 친구 입장도 생각할 수 있게 코칭 질문을 해주세요. 이런 질문을 통해서 자신을 돌아볼 수 있답니다.

에니어그램 코칭맘

자기주장과 의사결정

자신의 감정을 솔직하게 표현하고 의미를 중요시 여깁니다. 생일날 친구가 선물을 주면 어떤 4유형 아이는 화내고 가는 경우도 있습니다. 화낸 이유를 물어보면 친구가 진정성 없이 형식적으로 선물을 줘서 화가 났다고 합니다. 이렇듯 친구도 자신에게 진실하고 의미 있게 대해주기 바라는 속마음이 있지요. 또한 조용하고 내성적인 성향의 아이는 자신만의 세계에 갇혀 있기 쉽습니다. 특히 자신에게 소리 지르거나 화를 내면 깊게 상처를 받고 안으로 움츠러듭니다. 그래서 외부와 잘 소통하지 않고 자신만의 공간에서 조용히 있고 싶어 합니다. 이때 엄마는 아이의 감정을 공감해주고 자존감을 가질 수 있도록 도와줘야 합니다. 무엇보다 아이의 마음을 이해하고 지지해줌으로써 자신의 목소리를 내게 도와줘야 합니다.

4유형 아이들은 조용하지만 표현하지 않는다고 가치관이 없다는 말은 아닙니다. 오히려 4유형 성향은 확고한 가치관을 갖고 있으며 자신이 무엇을 좋아하는지도 잘 알고 있습니다. 그래서 이 유형의 아이는 자신의 감정이나 원하는 것을 바탕으로 의사결정을 합니다.

자기관리 및 습관 코칭 처방전

4유형 성향의 아이는 내성적이라 수줍음이 많고 다른 사람들과 쉽게 어울리는 것을 힘들어합니다. 특히 틀에 박힌 유치원이나 학교에 가는 것을 겁내기도 합니다. 이때 엄마는 질문을 통해 아이가 왜 그런지 아이의 마음을 읽어줘야 합니다. 이 유형의 아이는 감정에 사로잡혀 친구들과의 관계를 불편해하기도 합니다. 감정에 휘둘리면 잠을 자지 못하거나 밥도 잘 안 먹으려고 합니다. 이때 엄마는 아이의 감정을 살펴보고 왜 그러는지 대화로 문제를 풀어나가야 합니다.

4유형의 아이는 차분하고 안정적인 분위기에서 편하게 쉴 수 있는 환경을 만들어주는 것이 좋습니다. 이 유형은 틀에 박힌 일상적인 습관들은 별로 중요하지 않게 생각합니다. 일상적이고 반복적인 일은 특별하거나 독특한 것이 없다고 여깁니다. 특히 4유형의 아이는 자신이 싫어하는 것은 하지 않으려 하고, 좋아하고 관심 있는 것만 하려고 합니다. 이럴 때 엄마는 강요하거나 강압적이면 안 됩니다. 먼저 싫어하는 감정과 좋아하는 감정을 이해하고 공감해주어야 합니다.

이렇게 엄마가 수용하고 공감해주면 아이들도 편안함을 느끼고, 창의적이고 독특한 것을 생각하기도 합니다. 아이들에게 안정된 환경을 제공해주고 엄마가 모범을 보이면 아이는 자연스럽게 일상의 일들을 할 수 있습니다.

이 유형의 아이는 또한 평범한 일상뿐만 아니라 외적인 면에서도 남과 다르기를 원합니다. 액세서리나 소지품, 의상까지도 독특한 것을 착용하려고 합니다. 아이의 독특한 개성을 이해하지 못하는 엄마는 아침마다 옷 입는 것으로 실랑이를 벌일 수 있습니다. 아이의 취향을 이해하지 못하고 '공주병이니?', '너덜너덜 그 꼴이 뭐니?' 식으로 비꼬는 듯이 말하면 아이는 마음의 상처를 받습니다. 아이의 개성을 인정하고 현실을 수용할 수 있도록 차분하게 코칭 대화로 풀어나가는 지혜가 필요합니다.

사례_아침마다 자기 맘에 드는 독특한 옷만 입으려 할 때

엄마: 현주야, 엄마가 옷 준비해 놨어.

아이: 그 옷 안 입을래, 이 옷 입을 거야.

엄마: 화려하고 예쁘구나. 그런데 오늘 현장학습 가는 날이라 원복을 입어야 하는데?

아이: 괜찮아요.

엄마: 야외로 현장학습 가는데 불편하지 않을까?

아이: 하지만 원복은 안 예뻐.

엄마: 현주가 예쁜 옷을 입고 싶구나.

아이: 응.

엄마: 근데 현주야, 유치원 규칙인데, 현주는 어떻게 생각해?

아이: ......

엄마: 좀 더 생각해 보면 어떨까? (생각할 시간을 준다)

아이: 원복 입을게요.

4유형 성향의 아이는 자신의 느낌을 우선시합니다. 자신이 좋아하는 것에는 특별한 의미를 부여하기 때문에 고집을 부리기도 합니다. 예민한 아이의 감정을 읽어주고 현실을 받아들이도록 코칭하는 것이 처음부터 술술 풀리는 일은 아닙니다. 만족할 만한 대화가 이뤄지지 않더라도 인내심을 갖고 꾸준히 아이의 감정을 읽어주는 코칭맘이 되어보세요.

- 무조건 아이의 감정을 공감해주세요.
- 아이가 감정적으로 힘들어할 때 잠시 가만히 내버려두고 조금 거리를 두세요.
- 늘 엄마가 아이에게 관심을 갖고 있다는 것을 보여주세요.
- 예술적 재능이 있다면 인정하고 투자해주세요.
- 아이의 상상의 세계를 무시하지 말고 충분히 인정해주고 지지해주세요.

에니어그램 코칭맘 팁

온몸으로 칭찬하는 스킨십 대화법

말로 하는 칭찬도 좋지만 엄마의 따뜻한 스킨십과 함께한다면 더욱 효과적입니다. 때론 말보다 몸의 표현이 더 친밀감을 느끼게 하고 의미를 더 정확하게 전달합니다. 다정하게 손을 잡거나, 가볍게 어깨를 토닥이면서 이뤄지는 칭찬 대화는 정서적 안정감과 친밀감을 형성할 수 있습니다.

· 엄마가 재민이 믿는 거 알지, 재민아 많이 사랑해. (따뜻하게 꼭 껴안아주면서)
· 엄마는 재민이가 자랑스럽구나. 우리 아들, 대단해. (어깨를 다정하게 감싸 안으면서)
· 너의 행동이 너무 자랑스러워, 엄마 기분이 최고야. (머리를 쓰다듬으면서)
· 재민아 애썼어, 엄마는 정말 뿌듯하단다. (껴안아주면서 가볍게 등을 토닥토닥 해준다)
· 재민이랑 걸으니까 엄마 기분이 정말 좋아. (손을 가볍게 잡고 걸으면서)

5유형_지적 호기심이 강한 탐구자형 아이

골똘히 생각하고 호기심도 많아 매사에 궁금해하는 아이

5유형 성향의 아이는 어떤 사물이나 물건에 대해 호기심이 강하고 탐구하며 관찰하는 것을 좋아합니다. 그냥 휙 지나쳐버리지 않고 관심이 있는 것이라면 찬찬히 오랫동안 세세하게 관찰하기 때문에 아는 것도 많은 총명한 아이입니다. 다른 친구들이 놓치고 있는 부분들을 볼 수 있는 통찰력이 뛰어납니다. 어떤 일이든, 어떤 상황이든 왜 그런지 머리로 이해되어야만 행동합니다. 그냥 그대로 받아들이기보다는 원리를 이해하고자 하고, 왜 그런지 파악하기 위해 증거를 수집하기도 합니다. 객관적인 증명을 위해 많은 자료를 수집하기 때문에 하나의 실천을 하려면 시간이 많이 걸립니다. 친구들과 의견을 나눌 때도 충분히 이해되지 않으면 대화가 진행되기 어렵습니다. 토론할 때도 주제가 분명해야 하며, 말은 논리적으로 간결하고 단정적인 언어를 사용합니다.

5유형 성향의 아이는 조용하고 말수가 없는 편입니다. 그래서 사람이 많은 곳에 가면 다른 사람들과 잘 어울리지 못하고 뒤로 물러나 있는 경우가 많습니다. 특히 사람들 앞에 나서서 말을 할 때 자신감이 없어 주저하거나 목소리가 작아지는 경우가 많습니다. 이때 엄마가 큰소리로 당당하게 말하라고 다그칠수록 더욱 위축됩니다. 아이의 성향을 파악해 이해하고 공감하는 것이 무엇보다 중요합니다.

우주나 과학 등 신비롭고 공상적인 것들을 생각하고 상상하기 좋아하기 때문에 다소 엉뚱해 보이기도 합니다. 또한 머리로 이해되지 않으면 꼬치꼬치 묻거나 왜 그런지 조목조목 논리적으로 따지기를 좋아합니다. 친구나 엄마, 다른 사람의 감정은 그다지 중요하게 여기지 않거나 헤아리지 못하기 때문에 다소 쌀쌀맞게 보이기도 합니다. 즉 감정표현이 미숙할 뿐만 아니라 욕심도 크게 없는 소박한 아이입니다.

5유형 성향의 아이는 혼자 조용히 있거나 놀이도 머리를 쓰면서 혼자 하는 것을 선호합니다. 누구의 간섭도 받지 않는 혼자만의 장소와 공간을 원하기도 합니다. 많은 엄마들은 5유형 성향의 아이가 혼자서도 잘 지낼 뿐만 아니라 행복해한다는 것을 이해 못하는 경우가 많습니다. 즉 잘 어울리지 못해 혼자 논다고 생각해 사회성이 떨어진다고 걱정하며 친구들과 어울리기를 강요합니다. 실제로 아이는 조용히 생각을 정리하고 충전하며 휴식하는 것입니다. 그래서 혼자 방에 있기를 좋아하기도 합니다. 반드시 혼자만의 공간이나 자기 방을 만들어주는 것이 좋습니다.

5유형 성향 아이의 강점
· 아는 게 많고 풍부합니다.

- 논리적이고 이성적이며 객관적인 사고능력이 강합니다.
- 관찰력, 집중력이 높아 내면을 꿰뚫어보는 통찰력이 있습니다.
- 지적 호기심이 강하고 아이디어가 풍부합니다.
- 지혜롭고 현명한 판단을 합니다.
- 관심 있는 분야에 집중하기 때문에 한 분야의 전문가가 될 수 있습니다.

5유형 성향 아이의 보완점
- 지적인 오만이 있습니다.
- 인간관계시 거리를 두며 사교성이 부족합니다.
- 인색합니다.
- 감정표현이 부족합니다.
- 고집이 셉니다.

공부 코칭 처방전
5유형 성향의 아이들은 사고력이 풍부하고 공부도 잘합니다. 논리적이고 이성적이기 때문에 분명하게 원인을 파악하고 정확하게 결과를 도출하려 합니다. 아무리 어렵고 추상적인 문제라도 자신만의 독특한 방식으로 해결해 나가는 아이입니다. 분석적이라 학습 전략도 체계적이고 조직적으로 세우며 능력을 발휘합니다.

자신만의 원칙과 기준으로 스스로 알아서 잘 하기 때문에 엄마나 주변 사람들이 이래라 저래라 하는 것을 싫어하기도 합니다. 학습적인 것뿐만 아니라 우주나 과학, 공룡 등 뭔가 신비한 것들을 좋아하기도 하는데, 보통 엄마들은 학습 이외의 것에 관심을 기울이면 걱정하면서 엉뚱한 것에 관심 갖지 말고 공부하라며 다그치게 됩니다. 하지만 5유형 성향의 아이는 어떠한 과목이든 자신이 원하는 것이 있으면 집중적으로 깊게 공부하는 경향이 있으니 일단 아이가 좋아한다면 지켜볼 필요가 있습니다. 많은 5유형 성향의 아이들에게서 새로운 발명품이나 과학적 성취가 이뤄졌습니다.

사례_탐구하고 스스로 공부할 때 엄마의 질문으로 창의성을 키워주자

엄마: 그 책 속에서 가장 마음에 드는 인물은 누구니?

아이: 이순신이에요.

엄마: 음, 이순신 장군의 어떤 점이 마음에 들었니?

아이: 어려워도 실망하지 않고 나아가는 것이오.

엄마: 오 그렇구나.

아이: 네. 아주 긍정적인 분이에요.

엄마: 만약 민수가 이순신 장군이라면 그 상황에서 어떻게 했을까?

아이: 저도 그렇게 할 거예요. 그리고 새로운 무기도 만들구요.

엄마: 어떤 무기를 만들고 싶은데? 무척 궁금한 걸?

아이: 저는 한 번에 여러 번 쏘는 화살을 만들고 싶어요.

계속되는 엄마의 코칭 질문은 아이의 상상력을 북돋아주고 창의성을 일깨워줍니다. 혹시 자녀의 대답이 황당하게 보이거나 현실성이 떨

어지고 심지어 조금 잘못된 생각이라고 해도 타박해서는 절대 안 됩니다. 어떠한 말이라도 이해하고 공감하며 지지해줄수록 아이의 상상력과 창조성이 커지기 때문입니다. 이 점이 우리 코칭맘들이 해야 할 일입니다. 미래에 우리 자녀들에게 필요한 것은 창의력입니다. 아이의 생각을 끄집어낼 수 있는 열린 질문이야말로 4차 산업혁명 시대에 꼭 필요한 사고력을 키우는 가장 효과적인 길입니다.

감정 코칭 처방전

5유형 성향의 아이는 말수가 적고 자신의 감정을 드러내는 것에 매우 미숙합니다. 특히 분노나 부정적인 생각은 더더욱 쉽게 드러내지 않고 마음속 깊이 담아두곤 합니다. 어떠한 감정이 일어나면 그 감정에 머물러 있기보다는 빨리 분석하는 경향이 있습니다. 자신의 감정을 말하기보다는 사실적인 이야기를 하려고 하기 때문에 주변 사람들에게 건조하다는 말을 자주 듣게 됩니다. 그러고는 정작 자신의 감정은 제대로 느끼지 못하고 그냥 지나쳐 버립니다. 이럴 때 엄마는 '뭐야? 너 왜 그래' 하면서 다그치지 말고 아이가 감정을 이야기할 수 있도록 자연스럽게 질문하는 것이 좋습니다.

사례_감정을 느낄 수 있도록 자꾸 질문해주세요

엄마: 민수야, 오늘 기분이 어때?

아이: ……

엄마: 민수 기분이 안 좋아 보이네.

아이: 친구랑 사이좋게 지내야 되는데 다퉜어요. 잘한 일이 아니에요.

엄마: 아, 그렇게 생각하는구나.

아이: 사이좋게 지내야 하는데.

엄마: 친구랑 다툴 때 기분은 어땠어?

아이: 기분이요? 안 좋았어요. 친구니까요.

엄마: 기분이 안 좋았구나?

아이는 자신의 감정을 표현하는 데 익숙하지 않아서 친구랑 싸우고 말다툼하는 것이 좋지 않은 일이라고 사실만 논리적으로 말합니다. 이 때 엄마는 아이의 기분이나 감정을 물어야 합니다. 이 유형의 아이는 감정을 느끼기 전에 사고하기 때문에 자신의 감정이나 친구들의 감정을 공감하기 어렵습니다. 엄마는 질문을 통해 아이가 감정을 들여다보고 인식하며 느낄 수 있도록 도와주어야 합니다. 처음부터 너무 많은 결과를 얻으려고 하지 말고 조금씩 조금씩 질문해야 합니다. 자신의 감정을 느끼지 못하면 다른 사람의 감정도 이해하기 힘들어집니다. 특히 5유형 성향의 아이는 감정을 느끼기보다는 재빨리 머리로 분석하기 때문에 엄마는 반드시 아이가 감정을 느낄 수 있도록 질문하는 것이 좋습니다.

사회성 코칭 처방전

5유형 아이들은 단체 활동보다는 혼자 있기를 좋아합니다. 적극적으로 뛰어들어 관계 맺기보다는 뒤로 물러나 습관적으로 관찰합니다. 관계를 맺는 것도 책을 통해 이해하기 때문에 유치원이나 학교에서 만나는

에니어그램 코칭맘

상황이 머리로 아는 것과 다를 때 매우 당황하게 되며, 심할 경우 혼란한 상태에 빠지기도 합니다. 스스로 골똘히 생각해 왜 그렇게 되었는지 이유를 알고 이해가 되어야 마음이 편하고 안정됩니다.

친구들과 관계 맺는 것을 어려워하다보니 많은 엄마들이 아이의 사회성을 염려해 '너는 왜 친구들이랑 안 노니', '나가서 어울려 놀아라'라며 잔소리를 하는데, 이렇게 하면 아이는 더욱더 움츠러듭니다. 특히 친구관계를 중요시하는 엄마는 아이가 친구들과 어울리지 못하면 혹시 왕따 당하는 것이 아니냐 걱정합니다. 하지만 종종 5유형 성향의 아이가 오히려 친구들 전체를 왕따(따돌림)시키고 혼자 조용히 지내는 사례도 있습니다. 이렇듯 내 아이의 성향을 모른다면 오해할 수 있으니 엄마는 아이의 성향을 알아야 지혜를 발휘할 수 있습니다. 이 유형의 아이에게는 강요하지 말고 유치원이나 학교에서 친하게 지내는 친구가 있다면 더 잘 어울리도록 도와줘야 합니다. 또한 몇몇 친구들과 자연스럽게 그룹으로 활동할 수 있도록 분위기를 만들어줍니다. 5유형 성향의 아이는 대형학원보다는 소그룹으로 공부하는 것이 더 효과적이기 때문에 마음에 맞는 탐구모임, 취미모임 같은 소그룹으로 편하게 어울려 놀 수 있는 환경이 필요합니다.

사례_그룹 활동 후 친구들과 어울릴 수 있는 환경을 만들어줄 때

아이: 이제 다했어요.

엄마: 열심히 했구나.

친구들: 네.

엄마: 엄마가 맛있는 간식을 준비했어. 다 같이 와서 먹어라.

친구들: 와~ 맛있겠다, 감사합니다.

엄마: 다 먹으면 30분 정도 시간이 있는데 어떻게 할까?

친구들: 그럼 30분 동안 놀이터에서 놀래요.

엄마: 그래. 다 먹고 3시 30분까지 놀이터에서 놀고 오렴.

친구들: 네.

친구들과 활동이 끝나면 아이들이 좋아하는 간식을 준비해 서로 즐겁게 어울릴 수 있도록 해주는 것이 좋습니다. 친구들과 함께 활동함으로써 사회성도 기르고, 신체활동을 통해 부족한 체력도 보충할 수 있습니다. 특히 친한 친구와 방과후 운동프로그램에 참여할 수 있도록 엄마의 지혜가 필요하지요. 5유형 성향의 아이는 엄마가 무조건 '친구랑 놀아라' 하면서 등을 떠미는 것이 아니라 친구들과 어울릴 수 있는 환경과 물리적 시간을 확보해 자연스럽게 다가가도록 도와줘야 합니다. 사교성이 좋은 친구들과 더 어울리고 친하게 지낼 수 있도록 도와주는 것도 좋은 방법입니다. 또한 좋아하는 주제의 소모임에 적극 참여할 수 있도록 다리를 놓아주세요. 이끼식물 탐구모임, 날씨 연구 모임 등 요즘은 개성 있는 주제의 소모임이 많습니다. 적극적인 활동을 통해 관계성도 기르고 전문 지식도 쌓을 수 있는 좋은 기회입니다.

자기주장과 의사결정

5유형 아이는 대체로 조용하지만 상황에 따라서 자신의 입장을 논리적으로 주장하는 능력이 뛰어납니다. 물론 다른 사람들 의견을 따르기도 하고 때론 충돌을 피하기 위해 조용히 뒤로 물러나 있기도 합니다. 하지만 어떤 상황이나 일이 머리로 충분히 이해되지 않으면 조목조목 따지고 자신의 생각을 이야기하기도 합니다. 이해되고 납득이 되어야 불안하지 않고 편안하기 때문입니다. 다양한 의견을 가지고 있으면서도 신중하게 생각하기 때문에 빨리 결정하거나 선택하지 못하는 경우도 있습니다. 이때 엄마는 빨리 하라고 다그치지 말고 아이가 충분히 생각하고 선택할 수 있도록 기다려줘야 합니다.

자기관리 및 습관 코칭 처방전

조용하고 내성적인 5유형 아이는 스스로 알아서 등원하거나 등교합니다. 주목받는 것이 어색하기 때문에 잘 알아서 행동하는 것이지요. 대부분 말썽을 피우지도 않고 학교나 유치원에서 튀지 않는 아이입니다. 하지만 이 유형 성향의 아이들은 보통 사회 관습에 크게 신경 쓰는 편이 아닙니다. 규칙이나 관습을 무조건 따라야 하는 이유를 궁금해하기도 합니다. 이 아이들은 궁금하고 의구심이 생기는 문제에 대해 반드시 수긍을 하고 싶어합니다. 이유를 명확하게 말해주지 않고 그저 따르라고만 하는 규칙은 거부하기도 하는데, 머리로 이해가 되어야 행동에 옮기기 때문입니다. 또한 이래라 저래라 하는 것을 싫어하기 때문에 아이의 자율성을 인정해주어야 합니다.

5유형 성향의 아이에게는 사생활이 매우 중요합니다. 누구의 간섭이나 방해 없이 혼자만의 공간에서 자유롭게 있기를 원합니다. 잠자리에

들거나 혼자 밥 먹기 등 아이가 혼자 있기를 원할 경우에는 아이의 의사를 존중해주어야 합니다. 하지만 좋아하는 것은 집중시간이 매우 길기 때문에 자기 방에서 혼자 늦게까지 몰입하는 경우가 있습니다. 이럴 때 엄마가 적절히 개입해서 잠자리에 들게 해야 합니다. 5유형 자녀를 둔 엄마들은 종종 아이가 잘 먹지 않는다고 속상해하며 무리하게 먹이려 아이와 실랑이할 수가 있습니다. 엄마 입장에서는 아이가 잘 먹기를 바라지만 5유형 성향의 아이는 먹는 것을 그리 좋아하지 않는 경우가 많습니다. 엄마의 잣대로 양육하려고 하면 갈등만 생깁니다. 엄마의 일방적인 습관을 무조건 따르라고 해서도 안 됩니다. 특히 잘못된 부분에 대해 훈육할 때 아이가 충분히 이해할 수 있도록 왜 잘못된 것인지 차분하게 설명해줘야 합니다. 논리적이고 이성적인 아이는 스스로 이해하면 수용하고 인정합니다. 긍정적인 조언을 할 때도 충분히 이해되거나 납득이 되지 않으면 상처를 받을 수 있습니다.

또한 이 유형의 아이가 약속을 어겼을 때는 면박을 주지 말고 차분하게 대화해야 합니다. '너 지금 뭐하는 거야. 약속 시간이 지났는데, 왜 안 하는 거야' 하고 일방적으로 몰아붙이면 아이는 더 위축됩니다.

사례_아이가 엄마와의 약속시간을 어겼을 때

엄마: 네가 약속을 지키지 않아 무척 속상해.

아이: 죄송해요.

엄마: 어떻게 된 일인지 물어봐도 될까?

아이: 아, 책을 읽다가 시간을 놓쳤어요.

엄마: 앞으로 네가 약속을 잘 지킬 수 있도록 혹시 엄마가 도움이 될 일이 있을까?

아이: 저랑 약속 있을 때 엄마가 한 번 더 이야기해주세요.

엄마: 그래, 알았어. 엄마가 미리 이야기해줄게.

5유형 아이는 이렇듯 책에 빠지거나 무언가에 집중하다가 약속을 잊을 수도 있습니다. 약속을 지키지 않은 것에만 초점을 맞추어 야단친다면 아이는 더욱 웅크려들 수 있습니다. 먼저 엄마는 차분하게 약속을 지키지 않아 속상한 마음을 아이에게 전달하도록 합니다. 아이는 충분히 상황을 파악하고 사과할 수 있습니다. 이때 엄마는 아이에게 약속을 잘 지킬 수 있도록 도와줄 것이 있는지를 물어봅니다. 필요한 것이 있다면 아이는 엄마에게 도움을 요청할 수 있으며, 스스로 문제를 해결할 수 있는 대안도 찾을 수 있습니다. 엄마의 현명하고 지혜로운 질문으로 사랑하는 아이와의 소통이 더 원활해집니다.

❖ 5유형 성향 아이, 이것만은 잊지 마세요! ❖

- 아이 혼자만의 공부방을 마련해주세요.
- 혼자 조용히 있고 싶어 하는 것을 이해해주세요.
- 다소 엉뚱한 질문을 해도 친절하게 응해주세요.
- 감정 표현이 서툴기 때문에 자주 감정에 대해 질문해주세요.
- 사회성 향상을 위해 물리적·공간적 시간을 만들어주세요.

코칭맘의 감정 코칭 프로세스

감정 코칭이란 마음을 알아주고 감정을 다루는 코칭 방법입니다. 코칭맘의 감정 코칭은 마음을 공감해줌으로써 아이의 감정조절 능력을 키워줍니다. 특히 영유아들은 언어 표현이 미숙하기 때문에 울음이나 얼굴 표정 등을 관찰하여 정서를 읽어주어야 합니다. 유아나 초등학생의 경우에도 짜증을 내거나 화를 내고 가끔은 울음으로 자신의 감정을 표현합니다. 아이의 행동이나 말에서 숨은 욕구나 의도를 찾아 읽어주고 공감하며 코칭 대화를 통해 한걸음 성장시켜줄 수 있습니다.

아이의 감정을 포착하고 긍정적 마인드 갖기

희로애락이라는 말이 있듯 감정은 좋은 것뿐만 아니라 부정적인 것들도 포함합니다. 특히 욕구불만으로 인한 아이의 부정적 감정을 포착하여 잘 읽어주어야 합니다. 아이가 화내고 짜증내며 막무가내로 떼를 쓰면 엄마도 힘듭니다. 하지만 감정을 표현하지 않고 억압하거나 회피하면 나중에 더 크게 폭발하는 경우가 있습니다. 감정을 드러낸다는 것은 도와달라는 신호로 문제를 해결하고 싶다는 욕구의 표현이기도 합니다. 그러니 아이가 성장할 수 있는 기회로 보고 긍정적 마인드를 가지세요.

온 마음으로 아이의 감정을 들어주며 공감하기

누군가 자신의 감정을 진심으로 들어주는 것만으로도 마음이 많이 풀립니다. 거기에 마음을 공감해주기까지 한다면 아이는 감정을 스스로 조절하기 시작합니다.

감정을 표현하도록 도와주고 스스로 문제를 해결하도록 이끌어주기

엄마가 자신의 감정을 공감한다고 느낄 때 아이는 이성적으로 생각할 수 있는 능력이 생깁니다. 자신의 감정을 하나하나 표현하거나 이름 붙임으로써 객관적으로 자신의 감정을 볼 수 있습니다. 엄마의 코칭질문을 통해 스스로 다양한 해결방법을 찾도록 도와주세요. 여러 방법 중에서 스스로 선택하게 도와주면 됩니다. 아이 스스로 생각하고 문제해결 방법을 선택하기 때문에 자존감과 자기효능감도 커집니다.

6유형_성실하고 책임감이 강한 노력형 아이

성실하고 착실히 노력하는 아이

6유형 성향의 아이는 맡은 일에 최선을 다하는 성실한 성격이며, 다른 사람들 말에도 귀를 기울이며 잘 따르는 충성스러운 성향입니다. 인내심을 갖고 꾸준히 임하며 매우 바르고 양심적인 아이입니다. 어른들과 선생님 말을 잘 듣고 예의가 바르며 유치원이나 학교에서도 규칙과 규범을 잘 지키는 모범생입니다. 또래집단 생활에서도 전체의 일원으로 협력을 잘하며, 주변 사람들이나 친구들도 책임감 있게 잘 돌봐줍니다. 하지만 내적 확신이 부족하기 때문에 엄마나 선생님 또는 친구들이 좋다고 하거나 허락이 있어야 안심이 되기도 합니다. 모든 일이 예측 가능하고 확실해야 맘 편하게 진행을 합니다.

맡은바 책임을 다하고 다른 사람들과의 관계에서 붙임성도 좋아 호감 가는 아이이지만 수줍어하고 걱정하며 두려워하기도 합니다. 이 유형 아이는 자신에 대한 신뢰가 부족하기 때문에 매번 질문과 확인을 하려합니다. 최악의 사태를 미리 생각해서 늘 준비를 철저히 합니다. 즉 미래에 일어날지도 모르는 일에 대해서도 미리 대비책을 마련해두고자 하는 겁니다. 조금이라도 걱정되는 일에 대한 결정은 하지 못하고 우유부단한 태도로 전전긍긍할 때가 있습니다. 걱정도 많고 의심이 많기 때문에 너무나 많은 질문을 하는데, 이때 엄마가 '아까 말했잖아'라고 귀찮은 듯 응답하면 아이는 더 불안해하기도 합니다. 엄마 입장에서는 아이의 이런 모습이 변덕스러워 보이기도 하고 안절부절못하는 것 같아 걱정되기도 하겠지만 아이는 뭔가가 불안하면 어떤 것도 마음을 놓을 수 없기 때문에 계속 질문을 하는 것이지요.

항상 안전감과 '좋다, 괜찮다'라는 승인을 요구하기 때문에 많은 엄마들이 답답해하기도 합니다. 미래에 대한 두려움이 있기 때문에 자신을 확실하고 안전하게 이끌어주는 멘토를 원합니다. 엄마나 친구 등 주변 사람들에게 의존도가 높고, 내일에 대한 근심과 걱정이 많아 어떤 일을 자신 있게 추진할 수가 없습니다. 이때 '너는 왜 그러니?', '웬 걱정이 그리 많아?'라며 몰아붙이면 더욱 위축될 수밖에 없습니다.

반면 6유형 아이 가운데 어떤 경우는 종종 두려움이 없어 보일 만큼 용감하고 강하며 반항적인 모습도 있습니다. 이 아이는 빈정거리는 말투를 쓰거나 의심이 많고 고집이 세기도 합니다. 하지만 이 두 가지 모습 역시 내면의 안전을 원하는 욕구가 있기 때문입니다.

6유형 성향 아이의 강점
· 근면하고 성실하며 모범적입니다.
· 조직에 충성스럽고 의무감과 책임감이 강합니다.

· 헌신적이며 상냥하고 친절합니다.

· 정직하고 최선을 다해 노력하기에 믿음을 줍니다.

· 미리 대비하는 철저함으로 예방적 감각이 뛰어납니다.

6유형 성향 아이의 보완점

· 걱정과 불안이 많습니다.

· 의심이 많으며 지나치게 질문이 많습니다.

· 방어적입니다.

· 융통성이 없습니다.

· 우유부단하며 의존적입니다.

공부 코칭 처방전

6유형 성향의 아이들은 자신에게 주어진 과제를 성실하게 하려고 애를 씁니다. 하지만 해야 할 과제가 주어지면 '잘할 수 있을까?', '이렇게 해도 되나?' 등 걱정과 우려가 먼저 생겨 머뭇거리거나 주저하는 모습을 보이기도 합니다. 이럴 때는 엄마가 옆에서 맡은 일에 대해 이야기하며 어느 정도 해야 하는지 아이가 안정감을 찾을 수 있도록 도와줘야 됩니다. 그런 후 여러 번 연습을 하도록 도와서 자신감을 갖게 합니다. 천천히 하나씩 차근차근 할 수 있도록 지지와 격려가 필요합니다.

이 유형 아이는 '공부해라', '숙제해라'라는 식으로 뭉뚱그려서 말하면 뭔가 확실하지 않아 더 어려움을 느낄 수 있으므로 구체적인 목표를 제시해주는 것이 좋습니다.

사례_과제를 도와줄 때

엄마: 성현아, 오늘은 무엇을 할 거니?

아이: 영어요.

엄마: 어제 어디까지 했었지?

아이: 여기까지요.

엄마: 그럼 오늘은 여기부터 몇 쪽까지 할까?

아이: 여기까지 할게요.

엄마: 3시 30분까지 할 수 있겠니?

아이: 네, 3시 30분까지 할게요.

엄마로서는 매번 과제할 때마다 아이와 대화하면서 도와주는 일이 다소 번거롭다고 여겨질 수도 있습니다. 하지만 6유형 아이는 아직 자신의 결정에 대한 확신이 서지 않았기 때문에 엄마가 자신감을 갖도록 도와줘야 합니다. 이 과정에서 아이가 같은 걸 매번 물을 때도 '또 물어보니?'라고 핀잔을 주지 말고 친절하게 답해줘야 합니다.

또한 작은 것이라도 목표를 달성했다면 칭찬을 아끼지 말아야 합니다. 직접 해보고 목표를 달성하면 자신감을 얻게 됩니다. 인내심을 갖고 친절하게 아이가 성공할 수 있도록 도와주는 것이 포인트입니다. 아이가 믿고 따를 수 있도록 엄마가 멘토 역할을 해주면 좋습니다.

감정 코칭 처방전

누구나 한 번도 경험하지 못한 미래에 대해 불안과 두려움을 느끼는 것은 당연합니다. 특히 6유형 성향의 아이는 무의식적으로 자신을 지원해줄 자원이 없다고 생각해 불안해합니다. 언제나 최악의 상황을 예상하기 때문에 늘 걱정이 많습니다. 내적 확신이 없기 때문에 '이렇게 하는 게 맞아?'라고 묻고 또 묻습니다. 그래서 자신에게 신뢰감을 주고 확실한 것을 제공하는 사람이나 상황을 선호합니다. 안전감을 가장 우선시하는 것이지요. 무엇보다도 엄마가 아이에게 편안하고 안전하다는 신뢰감을 형성하는 것이 중요합니다. 편안하고 안전감을 느낄 수 있도록 엄마는 믿을 수 있는 환경을 제공해야 합니다. 또한 다양한 경험을 해보는 것이 아주 중요합니다. 성공 경험이 많을수록 아이는 자신감을 얻기 때문입니다. 엄마는 아이가 생활 속에서 경험을 할 수 있도록 기회를 자주 주고, 작은 것이라도 이루면 칭찬을 아끼지 말아야 합니다.

6유형 성향의 아이는 내면에 두려움이 있기 때문에 혼자 있거나 어둠을 무서워합니다. 아이가 무서워할 때는 따뜻하게 안아주어야 합니다. 인간은 누구에게나 두려움이 있습니다. 특히 나이가 어려 무서워할 때는 아이의 두려운 감정을 공감해주고 옆에서 지켜줌으로써 불안감을 잠재울 수 있습니다.

사례_컴컴한 밤에 혼자 있는 것을 무서워할 때

아이: 엄마, 나 불 켜놓고 자면 안 돼?

엄마: 그래도 되지. 그런데 왜 불을 켜놓으려고 하니?

아이: 귀신 나올까봐 무서워서요.

엄마: 음, 네 나이 때에는 누구나 귀신이 나올까 무서워하지. 엄마도 어

렸을 때 도깨비나 귀신을 무서워했어.

아이: 엄마도 무서웠어?

아이: 그럼, 그런데 나중에 보니 귀신은 없었단다. 하지만 네 나이는 도
　　깨비나 귀신이 무서울 때야.

아이: 그렇지.

엄마: 근데 지금 네 옆에는 엄마가 있잖아. 엄마가 지켜줄 테니 너무 무
　　서워하지 마.

아이: 응, 엄마. 그럼 나 잘 때까지 있어줘.

엄마: 그래, 엄마가 옆에 있을게.

　6유형 성향의 아이는 내면에 두려움이 있기 때문에 어둠이나 귀신을
무서워합니다. 물론 이것은 비단 6유형 성향의 아이만 해당되는 것이
아니라 어린아이나 초등 저학년들에게 흔히 있을 수 있는 일입니다. 이
럴 때 엄마가 '무섭기는 뭐가 무서워', '귀신이 지금 세상에 어디 있어',
'쓸데없는 소리하지 말고 어서 자' 이런 식으로 아이의 무서운 감성을
무시해 버리면 아이는 더 불안해하고 두려워합니다. 만약 '너 겁쟁이구
나?'라고 놀리면 자존감 형성에 악영향을 미쳐 더 위축되고 맙니다. 이
럴 때는 무엇보다 아이가 무서워하거나 두려워하는 감정을 인정해줘
야 합니다. 충분히 감정을 이해해주고 따뜻하게 안아주면 아이는 점점
불안감을 이겨냅니다. 그리고 꼭 아이에게 엄마가 함께 지켜준다는 믿
음과 신뢰를 보여주시기 바랍니다. 무섭기 때문에 불을 켜놓고 자기를
원하면 그렇게 해도 된다고 말해주세요. 많은 엄마들이 불을 켜놓고 자

면 호르몬에 안 좋다는 얘기를 듣고 아이의 감정을 무시하곤 하는데 이렇게 되면 아이는 더욱 불안해집니다. 특히 잠자기 전에는 무서운 이야기를 하지 않는 것이 좋습니다.

사회성 코칭 처방전

6유형 성향의 아이는 친구나 다른 사람들을 신뢰하려는 마음이 큽니다. 하지만 한편으로는 사람들을 온전히 신뢰하지 못하는 경우도 있습니다. 친구를 사귈 때 일단 의심하면서 가까워지기도 하는데, 남에게 이용당할까봐 쉽게 마음의 문을 열지 못하는 경우가 있습니다. 그래서 갑자기 예측하지 못한 상황이 생기거나 다른 친구가 개입하거나 가까이 오면 침범당했다는 느낌을 갖습니다. 이런 상황에서 6유형의 어떤 아이는 조용히 따르기도 하지만 또 다른 아이는 갑자기 화를 내서 친구들을 깜짝 놀라게 하기도 합니다. 이처럼 6유형 성향의 아이는 다양한 모습을 갖고 있습니다. 즉 너무나 불안해서 기죽은 모습으로 조용히 있거나, 혹은 너무 불안해서 '왜 그렇게 하세요?' '지금껏 안 그랬잖아요' 하면서 덤비듯 공격적인 태도를 보이기도 합니다. 또한 상황에 안 맞는 공격적인 질문을 해 상대를 곤란하게도 합니다. 두려워하지 않는다는 걸 증명하기 위해 권위에 저항하고 반항하는 것이지요.

사례를 하나 들어봅시다. 유치원에 다니는 민성이는 또래친구 민수가 좀 두렵습니다. 왜냐면 체격도 좋고 성격도 과격한 면이 있기 때문입니다. 그래서 어지간하면 같이 놀지 않지만 같은 유치원에 다니기 때문에 늘 마주치곤 합니다. 어느 날 둘이 놀이를 하게 되었는데, 민성이는 갑자기 민수가 자신을 때릴지도 모른다는 두려움이 생겨 자신도 모르게 '야'라고 소리지르며 민수를 주먹으로 때렸습니다. 친구가 나를 때릴지도 모른다는 두려움 때문에 자신도 모르게 먼저 공격한 사례입니다. 이렇듯 두려운 상황을 권위에 저항하고 반항하는 방식으로 대처하는 공포대항형이 있습니다. 이와는 달리 공포순응형은 권위에 복종하고 순종적으로 반응하는 경우입니다. 이 두 경우 모두 내면에 내재된 두려움 때문에 발생합니다.

자기주장과 의사결정

6유형 성향의 아이는 대체로 대세에 따릅니다. 하지만 몇몇 아이는 자신의 주장을 강하게 표현할 때도 있습니다. 엄마는 적절하게 자신의 뜻을 주장할 수 있도록 아이의 말을 경청해주고 지지해주어야 합니다. 또한 자신감을 키울 수 있도록 아이와 대화를 통해 좋아하는 운동을 시키는 것도 좋은 방법입니다. 자신감을 갖고 당당하게 표현하도록 스피치 교육을 받는 것도 도움이 됩니다.

무엇인가 결정할 때는 주저할 수도 있습니다. 결과에 대한 확신이 서지 않아 두렵기 때문입니다. 이때 엄마가 '왜 이리 꾸물거려, 빨리 결정해'라고 다그치면 아이는 더욱 자신감을 잃게 됩니다. 스스로 할 수 있도록 다양한 경험을 가지게 해주는 것이 무엇보다 중요합니다.

사례_요리를 성공한 경험으로 자신감을 찾은 사례
아이: 가스레인지 불 켜요?

엄마: 응, 켜.

아이: 이렇게요?

엄마: 잘 했어.

아이: 프라이팬 올려요?

엄마: 응.

아이: 불을 줄여요? 식용유 넣어요?

엄마: 조금 줄이고, 식용유 넣으면 돼.

아이: 이만큼이요?

엄마: 응.

아이: 계란 깨뜨려요.

엄마: 응.

아이: 소금 넣어요.

엄마: 응, 조금만 넣어.

아이: 이만큼요? 뒤집어요?

엄마: 응, 뒤집으면 되겠다.

아이: 이제 불 꺼요.

엄마: 응, 불 끄고.

아이: 접시에 담아요.

엄마: 그래. 와, 계란프라이 처음 한 것치고 대성공이네.

6유형 성향의 아이는 혹시나 실수할까봐, 못할까봐 잘못될까봐 두려워합니다. 이것은 자신을 믿지 못해 자신감이 없기 때문입니다. 이럴 때 엄마는 아이에게 작은 성공 경험을 갖게 해줘야 합니다. 앞의 사례는 초등학생에게 계란프라이를 경험하게 한 것입니다. 에니어그램을 배운 엄마가 아이의 특성을 이해하고 수십 번의 질문을 인내심 있게 친절하게 대화하면서 아이가 스스로 경험하게 함으로써 자신감을 얻을 수 있도록 도와준 사례입니다. 그 후 몇 번의 다양한 경험을 할 때마다 엄마는 인내심을 갖고 아이가 자신감을 갖도록 노력하였다고 합니다. 엄마의 인내심으로 아이를 기다려주는 것이 포인트입니다.

자기관리 및 습관 코칭 처방전

안전제일주의 6유형 성향의 아이는 모든 일에 바르고 모범적인 생활을 합니다. 자신이 해야 할 일에 대해서는 책임감이 강합니다. 엄마는 양심적이고 성실한 아이를 충분히 인정하고 칭찬해주어야 합니다. 이 유형 아이는 등원 준비를 위해 미리 옷과 준비물을 챙기고, 유치원이나 학교 등교시간을 잘 지키며 예의바르게 행동합니다. 반면 몇몇 아이는 과하게 행동해 주변을 놀라게 할 수도 있습니다. 이러한 행동은 불안한 마음이 내재되어 있기 때문이므로 아이의 감정을 이해해주는 것이 좋습니다. 또한 앞에서 언급했듯이 잠자리에 들어 무서워하는 경우가 있는데, 그 무서운 감정을 충분히 공감해주어야 합니다.

　6유형 성향의 아이는 강압적으로 윽박지르면 더 불안해하므로 식사 습관에 대해서도 아이가 편하게 먹을 수 있도록 배려가 필요합니다. 또한 안전에 대한 걱정이 많기 때문에 새로운 곳에 가거나 새로운 일을 시작할 때 불안감을 느끼기도 하며, 좀 주저주저하기에 답답해하는 경우가 많습니다. 이 유형의 아이가 일상생활에서 뭔가 새롭게 시작하는 일에 대해 걱정하고 두려워하며 불안해할 때는 야단치거나 다그치지 말아야 합니다. 안 그래도 불안한데 다그치기까지 하면 더욱 움츠러들기 때문입니다. 이때 엄마는 아이의 불안한 감정을 공감해주며 아이가 충분히 안정감을 느낄 수 있도록 한 다음에 일을 추진합니다. 6유형 성향의 아이는 편안하고 안정된 상태에서는 정말 성실하고 책임감 있게 일을 잘해나갑니다. 아이를 믿고 기다려주는 것이 핵심입니다.

사례_낯선 곳에 가서 적응하기 힘들어하며 꾸물거릴 때

엄마: 처음 가려니 걱정이 되는구나.

아이: 네.

엄마: 누구나 낯선 곳에서 뭔가를 시작하는 건 쉽지 않아, 앞으로 10분 후에 수업이 시작되겠네?

아이: ......

엄마: 혜진이가 학원에 들어가기 전에 엄마가 무엇을 도와주면 좋겠니?

아이: 엄마, 나랑 여기 같이 있어요.

엄마: 응, 그래. 수업 시작할 때까지 같이 있자구나.

아이: 네.

엄마: 이제 곧 시작하겠다. 엄마는 끝날 때까지 여기서 기다리고 있을게.

아이: 정말요?

엄마: 응, 열심히 하고 와.

아이: 네.

누구나 새로운 곳, 낯선 곳에 가면 두렵습니다. 특히 6유형 아이는 불안한 마음이 크기 때문에 주저주저합니다. 이때 엄마가 '누구나 처음엔 다 그래, 다른 애들도 다 가잖니? 빨리 들어가.'라고 재촉하면 아이는 더 불안해합니다. 이때 엄마는 혼내지 말고 자녀가 편안하게 할 수 있도록 감정을 어루만져주고 인내심을 갖고 도와주어야 합니다.

그리고 반드시 기다리겠다고 한 약속은 지켜야 합니다. 끝날 때까지 기다리겠다고 해놓고는 잠깐 볼일을 본다는 핑계로 약속을 어기면 아이는 엄마에 대한 믿음과 신뢰가 깨지기 때문에 더욱 불안해할 수밖에 없습니다. 미래에 대한 걱정이 많은 6유형 성향의 아이는 그만큼 스트레스도 많습니다. 엄마는 아이의 염려하는 감정을 공감해주고 아이가 엄마를 믿을 수 있도록 신뢰를 형성하는 것이 아주 중요합니다.

❖ 6유형 성향 아이, 이것만은 잊지 마세요! ❖

- 무엇보다 불안하고 두려운 감정을 공감해주세요.
- 열 번이고 스무 번이고 아이의 질문에 인내심을 갖고 친절하게 대답해주세요.
- 자신감을 갖도록 다양한 경험을 하게 해주세요.
- 자그마한 것이라도 이뤘다면 칭찬을 충분히 해주세요.
- 강압적으로 말하지 말고 세세하게 콕 집어서 뭔가 정해주면 안정감을 갖습니다.

잔소리로 들리지 않도록 말하는 테크닉

아이들은 엄마의 생각대로 행동하지 않을 때가 많습니다. 그러다 보니 '숙제해라', '빨리 밥 먹어라', '게임 그만해라', '안 돼' 끊임없이 아이에게 요구하게 됩니다. 엄마는 잘되라고 하는 말이지만 아이는 계속되는 엄마의 말을 잔소리로 듣고, 아주 사소한 일에도 저항을 하든지 아예 엄마 말을 무시하기도 합니다. 해야 할 말을 조금만 바꾸면 잔소리로 들리지 않게 걱정하는 마음을 전달할 수 있습니다.

· 책상이 왜 이렇게 지저분해, 정리부터 해.
→너무 지저분하고 산만해서 엄마 기분도 가라앉는구나. 깨끗이 정리된 책상을 보면 엄마는 기분도 좋아지고 행복해질 거야.
· 식당에서 뛰면 안 돼.
→다른 사람들이 불편해하잖아. 엄마는 그러다 다칠까봐 걱정돼. 엄마 옆에 가만히 앉아 있으면 좋겠어.
· 지각하겠다, 빨리 빨리 움직여.
→그동안 열심히 해왔는데 오늘 늦어서 네가 쌓아온 신뢰를 떨어뜨릴까봐 걱정돼. 지각하지 않도록 조금 빨리 서둘렀으면 좋겠어.
· 차도에서 자전거 타면 안 된다고 도대체 몇 번이나 말해야 알아듣겠니!
→거긴 차들이 많이 다녀서 엄마는 네가 다치지 않을까 정말 걱정이야. 앞으로는 자전거 전용 도로에서만 타면 좋겠어.

7유형_유쾌하고 다재다능한 모험가형 아이

즐겁고 재미있고 흥미로운 것만 좋아하는 아이

머리가 좋은 7유형 성향의 아이는 톡톡 튀는 아이디어로 뛰어난 창조성을 드러냅니다. 너무나 엉뚱해 아이가 무심코 뱉는 말에 엄마들은 깜짝 놀라기도 합니다. 전혀 생각지 못한 기상천외한 발상일 때도 있기 때문입니다. 그만큼 7유형 성향의 아이들은 상상력이 풍부합니다. 지금 세상에 존재하는 많은 발명품이 7유형의 머리에서 나왔을 정도입니다. 하지만 좋은 아이디어를 현실화하려면 인내심이 필요한데 힘들면 그만 둬버리는 경우도 많습니다. 엄마는 아이의 재능에 주목하고 잘 펼칠 수 있도록 방향성을 찾는 것이 중요합니다. 특히 엄마나 선생님의 융통성 있는 지도가 아이의 재능을 발견할 수 있습니다. 여러 친구들과 재미있는 놀이를 하며 노는 것을 아주 좋아하고 매우 행복해합니다. 새롭고 흥미로운 놀이를 개발해 재미있는 시간을 만들기도 합니다. 넉살이 좋고 농담도 잘해 친구가 많고 어른들과도 적극적으로 대화하며 잘 지내는 호감 가는 인상의 아이입니다.

이 유형의 아이는 자신이 원하는 것이 있으면 친구나 어른들을 설득해서라도 반드시 갖고야 맙니다. 말재주도 뛰어나 청산유수 스타일로 언변이 좋다는 뜻입니다. 누구에게도 구속받기 싫어해서 항상 자유롭게 하고 싶은 것은 마음껏 하려고 합니다. 언제나 밝고 명랑하며 낙천적이어서 다소 진지함이 부족해 보이기도 합니다. 어떠한 일이든 벌이기는 선수입니다. 호기심이 많아 궁금한 것을 못 참고 경험해보고 싶은 것이 많기 때문입니다. 에너지가 넘치고 행동이 재빠릅니다. 다양한 활동을 하고 싶기에 항상 바쁘고 분주히 움직입니다. 이런 경험을 통해 7유형 성향의 아이는 지식과 정보를 습득합니다. 그러나 꼼꼼하게 하거나 끝까지 마무리하는 데는 어려움을 겪기도 합니다. 늘 새롭고 흥미로운 것을 좋아하지만 지루하고 힘든 일은 하기 싫어서 내팽개치곤 하기 때문입니다. 힘들거나 싫어하는 일은 피하고 외면하는 경향이 있어서 정작 중요한 일을 가볍게 생각하고 놓쳐버리는 경우도 있습니다. 어려운 일을 만나면 자기가 좋아하는 일이나 즐거운 상상을 함으로써 고통을 피하는 특성이 있습니다. 곤란한 상황은 특유의 익살로 얼렁뚱땅 모면하기도 하는 재치 만점 아이입니다.

7유형 성향 아이의 강점
· 상상력과 호기심이 많아 아이디어가 풍부합니다.
· 열정적인 활동가 타입입니다.
· 긍정적 사고로 유연하며 자신에 대한 사랑이 있습니다.
· 명랑하며 매력적이라 친구가 많고 호감 가는 인상입니다.

· 밝고 활달해 분위기를 밝게 해주며 유머감각이 뛰어납니다.

· 판단력과 순발력이 좋아 임기응변에 능하고 말재주가 좋고 재치가 있습니다.

7유형 성향 아이의 보완점

· 충동적입니다.

· 인내심과 자제력이 부족합니다.

· 자아도취적입니다.

· 집중력이 부족하고 산만합니다.

· 자기중심적이며 제멋대로입니다.

공부 코칭 처방전

7유형 성향의 아이는 틀에 박힌 규칙이나 반복적이고 지루한 것을 싫어합니다. 공부할 때도 뭔가 새롭고 호기심을 자극하는 게 없으면 쉽게 흥미를 잃어버립니다. 재미있는 도구를 활용하거나 놀이를 통한 학습법, 학습만화를 통한 토론식 공부법 등 다양한 방법을 제공하면 효율적입니다. 또는 친구와 함께하는 학습도 생각해봐야 합니다. 대부분 엄마들은 오래 진득하게 앉아서 한 가지를 꾸준히 마무리하기를 바라지만 7유형 성향의 아이는 엄마의 바람대로 해주지 않습니다. 7유형 성향의 아이는 집중 시간이 짧고 흥미가 없으면 금방 싫증을 내기 때문입니다. 이 유형 아이를 학습 지도할 때는 아이의 연령에 맞게 5분, 10분, 20분 등 단위 시간 대로 지도해야 지루해하지 않습니다. 공부할 때 어려운 부분이 나오면 대충 살피고 다음 과제로 건너뛰는 경우가 있으니 이 점도 세세하게 살펴볼 필요가 있습니다.

아이가 반드시 책상 앞에 앉아 공부해야 한다는 고정관념도 내려놔야 할 필요가 있습니다. 피아노 아래서 책을 읽는다거나 베란다에 돗자리 펴고 공부하겠다고 하면 그렇게 하도록 해주는 게 좋습니다. 새롭고 흥미로운 방법으로 재미있게 학습하기를 원하고, 늘 같은 곳에서 같은 방법으로 공부하는 것을 지루해하기 때문이기도 합니다. 코칭맘은 아이의 성향에 맞춰 학습 분량 목표를 정확하게 이야기하면서 아이가 스스로 할 수 있도록 도와줘야 합니다. 이 유형의 아이는 계획만 세우고 마무리는 제대로 못하는 경향이 있으니 계획보다는 완성의 중요성을 가르쳐주어야 합니다. 아이가 완성할 수 있도록 엄마가 인내심을 갖고 도와주는 것이 포인트입니다.

사례_아이와 과제 분량을 서로 의논해서 공부할 때

엄마: 오늘 영어, 수학, 국어를 해야 되는데 얼마큼 공부할까?

아이: 한 쪽씩이요.

엄마: 음, 그럼 어떤 과목부터 시작해볼까?

아이: 영어요.

엄마: 그래. 그럼 여기 한 쪽 해볼까?

아이: 네.

엄마: 차분하게 잘 했구나, 수고했어. 이제 수학을 해볼까?

아이: 네.

엄마: 와~ 멋지게 열심히 했구나. 그럼 마지막으로 국어를 할 차례네?

아이: 네.

엄마: 정말 수고했어.

아이의 연령에 맞게 집중해서 할 수 있는 분량을 정해 학습하는 것이 좋습니다. 나이가 어릴수록 분량과 시간을 짧게 잡아서 하는 것이 효과적입니다. 물론 고학년이 되면 대화를 통해 아이가 지루해하지 않고 소화시킬 수 있도록 시간과 분량을 늘립니다. 하나를 하면 제대로 해서 끝내야 한다는 고정관념을 고수하면 아이는 지루해서 몸이 뒤틀릴 것입니다. 그러면 엄마는 바른 자세를 강요하게 되는데 이럴 때 아이와 갈등이 시작됩니다. 특히 7유형 성향의 아이를 대할 때는 틀에 박힌 고정관념을 내려놓아야 합니다.

감정 코칭 처방전

7유형 성향의 아이는 자신감이 넘쳐나지만 막상 상처를 받으면 감정을 잘 드러내지 않습니다. 속상한 일이 있어도 엄마나 주변 사람들에게 털어놓지 못합니다. 무의식적으로 부정적 감정에 영향 받기가 싫어 이를 회피하는 것입니다. 사람에게는 누구나 즐거운 것도 있고 부정적인 것도 있기 마련입니다. 부정적인 감정도 의식하고 표현할 수 있도록 엄마가 도와주어야 합니다. 먼저 아이가 어떤 감정을 느끼는지 물어봐야 합니다. 그래야 자신의 감정을 돌보고 잘 조절하여 타인의 감정도 이해할 수 있습니다.

이 유형의 아이는 새로운 것에 호기심이 많고 매우 궁금해합니다. 그래서 이것저것 하기를 원하지만 싫증도 빨리 내는 편이라 금방 내팽개쳐버리곤 합니다. 친구들이 뭔가를 배우러 학원을 다니면 자신도 다니겠다고 떼를 씁니다. 실제로 아이가 원해서 엄마는 몇 번이나 학원을 등록하기도 하지만 금방 흥미를 잃고는 그만둡니다. 그렇다고 '안 돼', '저번에도 하고 싶다고 해서 보내줬는데, 며칠 안 가서 때려 쳤잖아', '이게 어디 한두 번이야' 하면서 거절하면 아이는 튕겨져 나갑니다. 아이가 자신의 감정을 들여다보고 진정 무엇을 원하는지 아이와 대화를 나눠보세요.

사례_ 하고 싶은 것이 너무 많아 우선순위를 정할 때

엄마: 현수가 여러 가지를 배우고 싶구나. 그런데 한꺼번에 그 모든 걸 다 배울 수는 없잖니. 그중에서 가장 배우고 싶은 게 무엇이니?

아이: 미술도 배우고 싶고, 태권도도 배우고 싶고, 레고 과학도 배우고 싶은데~ 음.

엄마: 그래도 가장 배우고 싶은 게 무엇이니?

아이: 음.

엄마: 잘 생각해봐. (잠시 생각할 시간을 준다)

아이: 그럼 태권도부터 배울래요.

아이가 여러 가지를 배우겠다고 하면 그 자리에서 무조건 안 된다고 할 일이 아니라 생각할 시간을 주며 여유를 가지는 것이 좋습니다. 그러다 며칠 지나면 흥미를 잃고 또 다른 것을 원할 수도 있으니까요. 며칠 기다려도 자꾸 요구하면 그때 아이랑 질문을 통해 우선순위를 정하는 것이 좋습니다. 자신이 좋아하는 것이 무엇인지 잘 생각해보고 감정을 조절하는 능력을 길러야 합니다.

　이 유형의 아이는 또한 자신이 하고 싶은 것이 있으면 참지 못하고 어떻게든 하려고 합니다. 엄마가 무조건 안 된다고 하면 어떤 아이는 거짓말을 할 수도 있습니다. 놀이동산에서 자기가 타고 싶은 놀이기구에 나이제한이 있을 때 한두 살 나이를 올려 말하는 경우도 있습니다. 너무나 놀이기구를 타고 싶은 마음에 무의식적으로 툭 튀어나오는 거짓말입니다.

사회성 코칭 처방전

7유형 성향의 아이는 재미없거나 갈등 상황에 놓이는 것을 싫어합니다. 특히 골치 아픈 문제 등을 못 견디기 때문에 항상 즐겁고 재미있게 지내려고 합니다. 그래서 유머와 상상력으로 재미있는 말이나 장난을 치기도 하고, 친구나 어른들을 '메롱'하면서 놀리기도 합니다. 아이의 장난스러운 행동은 뭔가 재미있고 흥미로운 일을 만들기 위한 것입니다. 하지만 유치원이나 학교에서 재미삼아 친구를 놀리고 장난을 치다가 친구관계에 문제가 생길 수 있습니다. 그때는 무조건 혼내려고 하지 말고 아이에게 감정 질문을 하는 코칭맘으로 변해야 합니다. 이 유형의 아이에게는 상대방의 감정을 전혀 배려하지 않는 성향이 있기 때문입니다. 질문을 통해 친구의 감정을 상상해 보고 배려할 수 있도록 연습할 수 있습니다.

사례_친구의 감정을 헤아려보도록 해야 할 때

엄마: 재혁이가 친구한테 메롱했다면서?

아이: ……

엄마: 만약 그 친구가 재혁이한테 그랬다면 어떨 거 같아?

아이: 음, 싫겠지.

엄마: 다시 그 상황이 된다면 재혁이는 어떻게 하고 싶어?

아이: 말할게요.

엄마: 뭐라고 말할 수 있을까?

아이: 미안해~.

엄마: 그러면 앞으로는 어떻게 하겠니?

아이: 메롱하지 않을게요.

물론 처음부터 이렇게 질문하기는 쉽지 않습니다. 그리고 질문을 하더라도 아이가 도망가거나 들으려 하지 않을 수 있습니다. 이때 엄마는 소리를 지르거나 화내지 말고 차분하게 다른 사람 입장에서 생각해 볼수 있도록 질문을 해야 됩니다. 처음에는 상대의 감정만 물을 수도 있습니다. 자신의 감정을 제대로 느낄 수 있으면 타인의 감정도 이해할수 있습니다. 아이가 커서 사회생활을 원만하게 하려면 타인의 기분을 이해하고 배려하는 습관을 어려서부터 들여야 합니다. 아이가 어떤 감정을 느끼는지 자주 질문해주는 게 좋습니다. 아이가 잘 안 듣는다고,

에니어그램 코칭맘

잘 표현하지 않는다고 조급하게 생각하지 마세요. 조금은 여유를 갖고 천천히 기다려주는 지혜가 필요합니다.

자기주장과 의사결정

7유형 성향의 아이는 자신의 주장을 당당히 말합니다. 특히 자신의 욕구충족에 대해서는 적극적으로 요구합니다. 하지만 아주 심각한 갈등 상황에 놓이면 무조건 자신의 주장을 강하게 하지 않습니다. 그로 인해 엄마나 친구와 심각한 대치 상황에 놓이는 것을 피하려는 것입니다. 그리고는 특유의 넉살과 말재주로 불편한 상황을 얼렁뚱땅 넘어가려고 합니다. 머리회전이 빨라 상황을 빨리 파악하고 불리하면 자신을 합리화하며 핑계를 대기도 합니다. 이 유형의 아이는 또한 쉽게 결정을 못 내리는 경향이 있습니다. 무의식적으로 행동과 감정의 자유를 원하는데, 자신이 뭔가를 결정하면 그것에 얽매인다고 생각하기 때문입니다.

자기관리 및 습관 코칭 처방전

7유형 성향의 아이는 지루하거나 틀에 박힌 일을 싫어합니다. 청소 같은 일상적인 일이나 단조롭고 흥미 없는 일에는 전혀 관심이 없습니다. 자발적으로 할 수 있고 자부심을 느낄 수 있는 일을 맡겨 책임감을 길러주는 것이 좋습니다. 한 가지 종류의 일만 하는 것보다는 이런저런 일을 골고루 해보게 하고, 책임감을 갖고 맡은 일을 끝까지 마무리할 수 있도록 도와주는 것이 필요합니다.

자신이 좋아하는 것에 몰두하다 보면 시간 개념이 사라져 약속 시간을 어길 때가 있습니다. 또한 가끔은 버릇없고 예의 없는 행동으로 엄마를 당황하게 만들기도 합니다. 장난을 너무 좋아해서 친구를 놀리기도 하고, 심지어는 어른을 놀릴 때도 있어서 버릇없는 아이라는 이야기를 듣습니다. 특히 엄격한 엄마는 7유형 아이의 행동을 못마땅하게 여겨 엄하게 혼내거나 아이 행동을 제재하는데 이럴 때 아이는 공포에 떨거나 두려워합니다. 실제로 너무 엄격한 부모 밑에서 자란 아이는 위축되어 매우 불안해하며 눈을 깜박거리거나 다리를 떨거나 연필을 부러트리는 행동을 보일 수 있습니다. 인내심이 부족해 줄을 서서 기다릴 때 짜증을 내기도 하고, 엉뚱한 말을 유창하게 떠들어 사람들을 힘들게 할 때도 있습니다. 이럴 때 감당하기 힘들다고 그냥 넘어가지 말고 예의범절을 가르쳐야 합니다. 특히 무례하고 버릇없는 행동은 원치 않는다며 차분하고 단호하게 말을 해야 합니다.

7유형 성향의 아이는 활동적이고 얌전히 앉아 있는 성향이 아니라서 집 외의 다른 장소에서 눈길을 끄는 행동을 할 수 있습니다. 성민이는 미술시간에 간단하게 그려놓고 여기저기 기웃거립니다. 친구들이 어떻게 그렸는지 궁금해서이지요. 자리에 앉으라는 선생님 말씀에 잠시 앉아 있다가 그새 지루함을 참지 못해 의자를 잡고 흔들거리는 바람에 뒤로 넘어져 팔이 부러진 일도 있습니다. 이렇듯 7유형 성향의 아이는 유치원이나 학교에서 교사를 당황하게 만드는 경우가 많습니다. 특히 얌전히 앉아서 식사해야 하는 음식점에서는 엄마와 아이 서로에게 힘든 시간을 보낼 수 있습니다. 자녀의 성향을 알았다면 놀이방이 있는 음식점을 선택해 아이가 마음껏 놀 수 있도록 하는 것도 지혜로운 일입니다. 무조건 '조용히 해', '얌전히 식사해야지', '야, 앉아' 하며 소리 지르는다고 해결되는 것은 아니니까요.

7유형 성향의 아이는 하고 싶은 것에 대해 적극적으로 표현합니다. 원하는 것을 얻기 위해 떼를 쓰거나 조를 수도 있습니다. 이때 무조건 안 된다고 야단치지 말고 정중하게 부탁하는 예절교육을 시켜보세요.

사례_원하는 것이 있을 때 공손하게 부탁하기

아이: 엄마, 이번 일요일에 놀이동산 가요.

엄마: 놀이동산 가고 싶구나? 하지만 이번에는 안 된단다.

아이: 엄마, 우리도 가요. 놀이동산 안 가면 나 울 거야 엉엉.

엄마: 무조건 울지 말고 차분하게 얘기해보렴.

아이: 놀이기구 타고 싶다구요.

엄마: 그렇구나. 그럼 무조건 떼쓰지 말고 아빠한테 부탁해보면 어떨까?

아이: 아빠, 저 놀이동산 가고 싶어요. 같이 가주시면 안 돼요?

아빠: 음... 날짜 좀 보고.

엄마: 놀이동산 가고 싶다고 공손하게 부탁하다니, 정말 감동했어. 하지만 이번 일요일에는 약속이 있으니 다음 일요일에 갈 수 있을지 의논해보자구나.

아이: 정말이에요?

엄마: 그럼, 그때까지 기다려줄 수 있지?

아이: 네.

아이들은 하고 싶은 것이 있으면 다른 사람의 입장을 생각하지 않고 요구할 때가 많습니다. 자기중심적 사고로 떼를 쓰면서 얻고 싶어 합니다. 이때 엄마는 아이의 마음을 공감해주고 현명하게 원하는 것을 획득할 수 있는 방법을 알려줄 수 있습니다. 무조건 떼를 쓰는 것보다 공손하게 부탁하는 방법을 익혀 습관들이도록 도와주세요. 자기 감정도 조절하고 예절습관도 익힐 수 있답니다.

❖ 7유형 성향 아이, 이것만은 잊지 마세요! ❖

- 무조건 혼내지 말아주세요.
- 아이의 번득이는 아이디어와 창의적인 생각을 인정해주세요.
- 하고 싶은 일 중 우선순위를 정할 수 있도록 도와주세요.
- 자신의 감정이 어떤 것인지 느끼고 타인의 감정도 잘 느낄 수 있도록 감정 질문을 해주세요.
- 꼭 지켜야 할 규칙을 제외하고는 아이의 자율성을 존중해 주세요.

에니어그램 코칭맘 팁

부정적인 메시지를 긍정적 언어로 전하는 방법

엄마들은 아이에게 올바른 방향을 제시하여 행동의 변화를 요구해야 할 때가 있습니다. 부정적인 말은 저항을 불러오기 때문에 긍정적인 언어로 분명하게 메시지를 전해야 합니다.

- 떠들지 마라 → 네가 지금 조용하게 있으면 좋겠어.
- 엄마 말 듣는 게 좋을 거야 → 지금 바로 손을 씻으러 가면 좋겠어.
- 당장 옷 갈아입어라→엄마 말을 잘 따랐으면 좋겠구나. 지금 바지를 갈아입는 게 좋지 않겠니?
- 당장 책상 정리해라 → 네가 지금 바로 책상 정리를 하면 좋겠어.
- 동생 때리지 마라 → 동생과 사이좋게 지내기를 바란다.
- 버릇없는 말 하지 마라 → 네가 좀 더 다른 사람을 존중하고 예의 바른 말을 썼으면 해.

에니어그램 코칭맘

Part

3

내 아 이 를

위 한 상 황 별

코 칭 처 방 전

아이에게 성교육을 해야 할 때

아이를 키우다 보면 종종 엄마가 대답하기 곤란한 질문을 할 때가 있습니다. 4~5세 정도가 되면 아이는 자신의 성에 대한 정체성을 찾기 위해 궁금한 것들을 묻습니다. '엄마, 아이는 어떻게 생겨?', '아이는 어디서 나와?', '나는 어떻게 태어났어?' 등 질문이 이어집니다. 말도 안 되는 허무맹랑한 질문이라도 엄마는 당황하지 말고 차분하게 대화를 이끌어가야 합니다. 보통 유아기 때 유아교육 기관에서 성교육을 하지만 숫기가 없는 아이들은 궁금한 것이 있어도 바로 물어보지 못하고 집에 와서 엄마한테 물어보는 경우가 있습니다.

이럴 때 대부분 엄마들은 어떻게 말해야 할지 몰라 당황하거나 뭐라고 이야기하기가 곤란해 대답을 피하기도 합니다. 적당히 얼버무리거나 어려서 모를 것이라고 생각해 '배꼽에서 나왔어'라는 식으로 말합니다. 또 어떤 엄마는 어리다고 생각해 아예 무시하거나 면박을 줍니다. '그런 것 몰라도 돼', '좀 더 크면 다 알아'라고 말하기도 합니다. 궁금해서 물어본 건데 엄마가 무성의하게 답하면 아이의 호기심을 꺾어버리는 결과가 됩니다. 아이가 어떠한 질문을 하든 엄마는 성심성의껏 최대한 친절하게 아이 눈높이에 맞는 대응을 해야 합니다. 아이들의 호기심 어린 질문이야말로 창의적인 사고의 초석이 되기 때문입니다.

대답하기 어려운 질문에도 엄마는 당황하지 말아야 합니다. 엄마가 정색을 하고 당황해하면 아이는 자신이 잘못했다는 생각으로 위축되거나 자괴감에 빠질 수도 있습니다. 엄마는 성에 대한 아이의 질문을 너무 심각하게 받아들이지 말고 자연스럽게 유머감각을 보여주도록 합니다. 정확하게 알려주려다 지나치게 도덕적이거나 설교가 되어버리는 교육은 금물입니다. 너무 교육적으로 자세하게 설명하지 말고 아이가 궁금해하는 점에 귀를 기울여 답해주면 됩니다. 물론 더 자라면 이성교제나 생리, 임신, 몽정 등에 관한 기본적인 성문제를 조심스럽고 자연스러운 태도로 이야기해줘야 합니다.

무엇보다 성에 대한 내용은 연령에 따라 적절한 설명이 필요합니다. 즉 연령에 따라 꼭 인지해야 할 성에 대한 기본적인 지식을 아이의 눈높이로 알려주는 것이 좋습니다. 대부분 5세 전후 유아기에 호기심으로 묻는 질문이 많기 때문에 엄마가 지식이 많다 하더라도 아이의 연령에 맞는 대답을 해줘야 합니다.

요즘은 유아기 때 알아야 할 기본적인 성에 대한 책들도 나와 있으므로 동화형식의 그림책을 한 권 구입하는 것도 도움이 됩니다. 동네 도서관이나 서점에 워낙 좋은 자료가 많기 때문에 이제는 엄마들도 고민하지 않고 지혜를 발휘할 수 있습니다.

혹시라도 책이 준비되지 않은 상태에서 질문해 오면 당황하지 말고

에니어그램 코칭맘

궁금해하는 아이의 정서를 읽어주면서 코칭 대화로 자연스럽게 이야기해주면 됩니다.

사례_아이가 성에 대해 궁금한 점을 물어볼 때

아이: 엄마 아기는 어떻게 생겨?

엄마: 아, 지현이가 어떻게 아기가 생기는지 알고 싶구나.

아이: 응. 아이가 어떻게 생기는지 궁금해.

엄마: 그건 엄마의 아기씨와 아빠의 아기씨가 서로 만나서 생기는 거란다. 지현이도 그렇게 태어났지.

아이: 나도?

엄마: 그렇단다. 엄마랑 아빠가 서로 사랑해서 결혼했는데 엄마 아기씨와 아빠 아기씨가 만난 거야.

아이: 아기씨가 뭔데?

엄마: 좀 더 알고 싶다면 엄마랑 서점에 가서 책을 사볼까? 지현이는 어떻게 생각해?

아이: 네. 서점에 가요.

이렇게 차분하게 우선 아이가 궁금해하는 마음부터 공감해주는 것이 아주 중요합니다. 엄마가 자신의 심정을 이해해주는 것만으로도 아이는 편안한 마음으로 궁금한 것을 마음껏 질문하게 됩니다. 집에 유아용 성교육 도서가 있다면 아이랑 같이 보면서 자연스럽게 이야기해주면 좋습니다. 영유아들이 쉽게 이해하도록 큰 그림으로 아주 쉽게 표현되어 있기 때문에 엄마가 굳이 세세히 설명하지 않아도 아이들은 알 수 있습니다. 미처 책이 구비되지 않은 상태에서는 위와 같이 자연스럽게 공감해주고 엄마가 아는 선까지 이야기해줍니다. 그 후에 아이랑 서점에 가서 함께 책을 사는 지혜를 발휘해야 합니다. 아이가 궁금해할 때 엄마가 무시한다면 아이는 거부당했다는 감정을 갖게 되고 자존감에도 상처를 받게 될 수 있으므로 친절하고 상냥하게 이야기합니다. 또한 제대로 알지 못한 상태에서 대충 얼버무리는 식으로 이야기해주면 아이의 호기심도 충족되지 않고 잘못된 정보를 기억하게 됩니다.

아이들은 같은 상황이라도 성향에 따라 받아들이는 것이 다릅니다. 특히 머리형인 5·6·7유형 성향의 아이들은 궁금하거나 알고 싶은 것이 있으면 어떤 것이든 머리로 이해해야 합니다. 자기가 이해하지 못하면 궁금증이 풀리지 않아 계속 질문하게 됩니다.

또 가슴형인 2·3·4유형 성향의 아이들은 궁금한 것이 해결되어도 엄마와 친밀하게 더 말을 많이 하고 싶어서 질문을 계속하는 경우도 있습니다. 이렇듯 아이들은 성향에 따라 받아들이는 것이 다르고 대처방법 또한 다르기 때문에 엄마들 역시 아이의 성향을 잘 파악하고 현명하게 대처해야 합니다.

에니어그램 코칭맘

책을 읽고 싶어 할 때

사고의 영역을 넓히는 방법 중 하나가 독서입니다. 책읽기의 중요성은 말하지 않아도 다 아는 상식입니다. 그래서 아이를 잘 키우고 싶은 많은 엄마들이 아이가 책을 많이 읽기를 원하는 것은 당연한 일입니다. 하지만 성향에 따라 조용히 책읽기를 좋아하는 아이가 있는가 하면 밖에서 놀기를 좋아하는 아이도 있다는 것을 이제는 다 알고 있습니다. 그렇다고 마냥 놀기만 하고 책은 거들떠보지 않는다면 그것도 문제입니다. 여기서 주의해야 할 점은 아이한테 책을 억지로 읽힌다면 부작용이 따를 수 있다는 것입니다.

아이의 창의성과 사고 능력을 키워주기 위해 자연스럽게 책과 친해지도록 엄마들이 노력을 해야 합니다. 아이가 호기심을 갖도록 엄마가 지혜를 발휘해야 합니다. 중요한 것은 아이의 성향에 따라 적절한 접근법을 선택해야 한다는 점입니다. 활동적인 아이에게는 무조건 강요하는 식으로 하지 말고, 아이가 가볍게 흥미를 느낄 수 있는 책을 권하거나 스스로 선택할 수 있도록 자율에 맡기는 게 좋습니다. 또한 감성이 풍부한 아이에겐 재미있는 감성 동화를 자연스럽게 접하도록 해줘야 합니다. 엄마가 무조건 읽게 하려는 욕심을 내려놓고 아이의 성향에 맞게 조절해야 한다는 것입니다.

하지만 어느 성향이든 독서에 대한 강조는 지나침이 없기 때문에 어느 엄마든 책 읽는 환경을 마련해주고 아이의 성향에 따라 기다려주는 센스가 필요합니다. 그러기 위해서는 엄마가 먼저 독서하는 모습을 보여줘야 합니다. 엄마가 일정한 시간을 정해놓고 책 읽는 모습을 자주 보여주면 처음에는 관심이 없어도 차츰 아이가 호기심을 갖게 됩니다. 거실이나 일정 장소에 아이가 좋아할 만한 책들을 자연스럽게 두는 것도 좋은 방법입니다. 다른 놀이를 하다가 호기심이 생기면 책을 펼쳐볼 수 있기 때문입니다.

부모가 자녀의 거울이라는 말은 수도 없이 들어온 말입니다. 이론적으로는 알지만 엄마의 성격에 따라 다르기 때문에 엄마 자신이 어떤 성격유형인지 알고 또한 아이의 성향을 파악해 엄마와 아이의 맞춤식 육아가 필요합니다. 엄마의 성격에 따라 엄마 자신이 할 수 있을 만큼 시간을 정해서 자연스럽게 독서하는 모습을 보여주는 것이 좋습니다.

사례_책 읽는 엄마를 보고 반응할 때

아이: 엄마 뭐해?

엄마: 응 민규야, 엄마는 책을 읽는 중이야.

아이: 응, 무슨 책인데?

엄마: 그림에 관한 책인데, 이 그림을 어떤 화가가 그렸는지 궁금해서

찾아보고 있어.

아이: 누가 그렸는데?

엄마: 고흐라는 화가가 그렸구나.

아이: 고흐?

엄마: 응. 고흐라는 화가야.

아이: 와~ 해바라기도 그렸네.

엄마: 응. 그렇구나.

아이: 엄마 나도 볼래.

엄마: 그래.

이렇듯 책읽기에 별로 관심이 없던 아이도 엄마가 책을 읽는 모습을 보면 호기심도 생기고 관심도 생깁니다. 궁금한 것도 많고 알고 싶은 것도 많다는 것이 아이들의 특징이기 때문입니다. 만약 아이가 책읽기에 흥미를 느끼지 않는다면 한 달이라도 엄마가 매일 30분씩 책을 읽어보도록 권합니다. 그러다 보면 분명히 아이도 어느 순간 자연스럽게 책을 펼칠 것입니다.

또한 아이가 흥미를 갖지 않는다고 엄마가 너무 성급하게 욕심을 내서는 안 됩니다. 기회는 이때다 하고 아이에게 많은 양의 독서를 원하는 것은 모처럼 관심과 흥미를 보이던 아이의 의지를 꺾을 수 있습니다. 과한 욕심은 화를 부르는 것이 인생사이니까요. 명심해야 할 점은 아이를 있는 그대로 수용하고 인정하는 것입니다. 성향상 독서에 지속적인 흥미를 가지는 아이가 있는가 하면 금방 싫증내고 마는 아이도 있기 때문입니다.

특히 5유형 성향의 아이들은 관심이 있을 경우 엄마가 말하지 않아도 스스로 책읽기를 아주 좋아합니다. 하지만 7유형 성향의 아이들은 호기심이 많아 이것저것 관심을 갖고 읽지만 금방 싫증을 내곤 합니다. 이럴 땐 엄마가 무리하게 책읽기를 권하지 말고 아이가 흥미 있어 하는 책을 직접 고를 수 있도록 서점에 함께 책을 사러 가면 좋습니다. 특히 7유형 성향의 아이는 집중시간이 짧기 때문에 잠깐 잠깐 읽을 수 있도록 아이가 좋아하는 환경을 조성해주는 지혜를 발휘해야 합니다. 지루하고 틀에 박힌 재미없는 환경에서는 싫증도 빨리 내므로 소품의 위치를 자주 바꿔 변화를 주는 것도 좋습니다.

또한 8유형 성향의 아이는 조용히 책을 읽기보다는 야외에서 활동적으로 놀이를 하거나 자전거타기 등 몸을 움직이는 것을 더 선호합니다. 책을 읽히고 싶은 욕심에 엄마가 무리해서 강압적으로 읽게 한다면 8유형 성향의 아이는 특히 반발이 클 것입니다. 이 유형 아이들은 스스로 선택할 수 있도록 믿고 기다려주는 것이 더 현명한 방법입니다. 아이가 관심 있어 하거나 흥미로워하는 책이 있다면 스스로 선택할 수 있는 자율권을 주세요. 스스로 선택한 것에 대한 책임감이 있기 때문에 아이의 선택을 믿어주는 것이 좋습니다. 때론 엄마의 선택기준에 못 미치더라도 아이를 신뢰해주는 것이 더 효과적입니다.

관계를 중요시하는 가슴형인 2·3·4유형 성향의 아이들에게는 엄마와 코칭 대화를 통해 읽고 싶은 책의 목록을 스스로 작성하도록 유도합니다. 이 유형의 아이는 엄마랑 함께 도서관이나 서점에 가는 것을 좋

에니어그램 코칭맘

아합니다. 특히 4유형 아이들은 무슨 활동이든 강압적으로 요구하면 의기소침해지고 더 뒤로 움츠러듭니다. 예민하기 때문에 아이의 감정을 잘 공감하면서 아이가 스스로 선택할 수 있도록 도와주는 것이 좋습니다. 자신이 고른 책을 통해 아름다움을 느끼고 독창적인 것을 발견하는 창조적 능력이 탁월하기 때문입니다.

엄마들의 육아는 종합 예술입니다. 다각도에서 넓게 보는 마인드가 필요합니다. 아무리 엄마의 희망사항이 있어도 아이가 받아들이지 않고 하고자 하는 의지를 보이지 않는다면 억지로 하게 만들 수 없습니다. 아이가 스스로 할 수 있도록 환경을 제공하고 관심을 갖고 스스로 독서의 즐거움을 알 때까지 기다리는 것이 핵심입니다.

육아는 기다림입니다.

아파서 병원에 가야 할 때

아이를 낳고 키우다 보면 엄마의 바람과는 다르게 아이가 아플 때가 있습니다. 크고 작은 병치레는 엄마들 마음을 너무나 아프게 하지요. 아이가 아플 때만 아니라 예방접종을 하기 위해서도 병원에 가게 되는데, 희한하게도 아이들은 마치 본능처럼 병원에 가는 걸 알아차리고 두려워합니다. 아마도 아직 말이 서툴고 어느 것도 제대로 표현할 수 없는 시기에 병원에 가야 했던 첫 경험이 그만큼 아프고 불편했기 때문에 무의식적으로 두려움이 생기는 것으로 보입니다. 이때 엄마들은 아이의 두려움을 충분히 공감해줘야 합니다. 아이가 병원에 가는 것을 두려워한다는 사실을 가볍게 여기지 말고, 우선 아이가 무서워하는 감정을 잘 헤아려주는 것이 중요합니다.

아이가 어려서 말로 자신의 감정을 표현하지 못하더라도 아이의 두려운 마음을 알아주고, 친절하고 부드럽게 이야기해줘야 합니다. 엄마의 성격유형에 따라서는 예방접종 주사 맞는 것 같은 사소한 일에는 울면 안 된다고 아이에게 말하는 경우도 있습니다. 심지어는 울지 말라고 윽박지르는 엄마도 있습니다. 그러면 아이는 더욱 불안해지고 맙니다. 또 다른 엄마는 하나도 안 아프다고 말하기도 합니다. 하지만 분명히 아이에게 주사 맞는 것은 두렵고 아픈 일입니다. 엄마는 아이에게 사실대로 미리 이야기해줄 필요가 있습니다.

방송인 A씨가 예전에 텔레비전 프로그램에 출연해 최면치료를 통해 어린 시절을 회상한 적이 있습니다. 그는 엄마가 돈가스를 사준다고 해서 신나게 따라갔는데 병원에 가서 주사를 맞았던 기억을 떠올렸습니다. 엄마가 아이에게 거짓말을 한 것이지요. A씨의 무의식에는 주사 맞는 것이 무척 아프고 두렵고 무서운 일로 각인되고 말았습니다. 게다가 엄마가 거짓으로 병원에 데리고 갔던 것이 야속하고 억울했습니다. 이렇게 병원에 데리고 갈 목적으로 아이에게 거짓말을 하는 것은 엄마에 대한 배신감을 느끼게 할 뿐만 아니라 신뢰감 형성에도 큰 타격을 주게 됩니다. 무엇보다 어린 마음에 두려움과 불안한 감정들이 상처로 잠재되어 남습니다.

주사를 맞는 것은 아프지만 눈 깜짝할 사이에 끝난다고 아이에게 사실대로 말하는 게 좋습니다. 그래야 아이가 엄마를 신뢰합니다. 아이는 엄마가 자신을 이해하고 공감해준다는 것만으로도 큰 위안을 얻습니다. 즉 엄마가 자신의 아픔을 충분히 이해하고 있다는 것을 아이에게 알리는 것이 중요합니다. 그리고 다음에는 아플 때 위로가 될 수 있는 좋아하는 인형이나 장난감을 가지고 가게 하거나, 아이가 흥미를 느끼고 좋아하는 일로 아이의 관심을 돌리는 것이 좋습니다. 아프고 두려운 일이지만 엄마가 공감해주면 아이도 충분히 견딜 수 있는 힘을 스스로 얻게 됩니다.

　아이를 키우다 보면 예측하지 못한 상황들이 많기 때문에 늘 관심 있게 아이를 관찰해야 합니다. 잘 살펴보더라도 아이의 상태를 대수롭지 않게 생각하거나 병원 가기를 망설이다가 적절한 치료시기를 놓쳐 아이의 치료와 회복이 늦어지는 경우가 있습니다. 아이에게 늘 관심을 가지고 심각한 증세가 의심되면 즉시 병원에 가야 합니다. 특히 아이들은 아직 언어 표현능력이 미숙하기 때문에 다양한 각도에서 살펴봐야 합니다.

　다행히 요즘은 아이들의 무서움과 두려움을 최소화하기 위해 어린이 전용 소아과가 많이 생겼습니다. 의사나 간호사들도 아이들이 좋아할 수 있는 디자인과 색상의 옷을 입어서 편안한 분위기를 만들고자 합니다. 소아 전문병원으로 의사나 간호사가 친절한 곳, 그리고 아이의 증상을 빨리 꿰뚫어 적절하게 도움을 받을 수 있는 병원을 단골로 정할 필요가 있습니다. 단골 병원은 아이의 진료 기록이 있기 때문에 한결 다양하게 대처할 수 있는 방법입니다.

사례_병원에 가서 주사를 맞아야 할 때

엄마: 재혁아, 오늘 병원 가야겠다. 병원에 가서 주사를 맞아야 돼.

아이: 가기 싫어. 무서워.

엄마: 응. 재혁이가 무서워서 가기 싫구나.

아이: 아파.

엄마: 그렇지. 주사 맞으면 많이 아파. 하지만 눈 깜짝할 사이에 주사를
　　　맞고 나면 몸이 다 낫잖아.

아이: 으앙~~

엄마: 엄마가 옆에서 재혁이 손 꼭 잡고 있을게.

아이: 정말?

엄마: 그래, 엄마가 손잡고 있을게.

아이에게 병원에 가서 주사 맞아야 한다는 사실을 솔직하게 이야기해야 됩니다. 그리고 주사 맞을 때 잠깐 아프다는 것도 말해야 됩니다. 아이는 주사 맞기가 두려워서 피하고 싶지만 엄마의 진실한 말이 현재 상황을 이해시키고 받아들이게 할 수 있습니다. 특히 머리형인 5·6·7 유형 성향의 아이들에게는 반드시 차분하게 조목조목 이야기해서 머리로 이해하고 대비할 수 있게 해야 합니다. 무엇보다 아이가 무서워하는 마음을 충분히 공감하고 안아주어야 합니다. 불안한 마음을 안정시킬 수 있도록 옆에서 엄마가 손을 잡고 함께 있어주겠다는 말도 해야 됩니다. 엄마는 아이의 든든한 지원군이자 든든한 힘이 되어주어야 합니다. 다소 아프고 무섭지만 엄마가 옆에서 지켜주면 아이는 안정감을 찾을 수 있습니다.

반복적으로 말하지만 같은 상황이라도 아이의 성향에 따라 받아들이는 것이 다릅니다. 어떤 아이는 아프면 아프다고 자신을 잘 표현하는가 하면 어떤 아이는 엄마가 걱정할 것 같아 참는 경우도 있습니다. 특히 7유형 성향의 아이는 겁이 많아 주사 맞는 게 무서워 도망가기도 합니다. 아이가 좀 과장한다고 생각할 만큼 겁을 먹는 것 같아도 너무 나무라지 마시기 바랍니다. 머리형 아이들은 유독 불안과 두려움이 많습니다. 특히 6유형 성향의 아이는 반드시 옆에서 손잡아주는 것이 좋습니다.

한편 2유형 성향의 아이들은 자신의 필요 욕구나 감정보다는 다른 사람의 입장에서 생각하기 때문에 엄마가 걱정할까봐 아파도 참는 경우가 있습니다. 저희 딸도 예전에 엄마가 걱정하고 속상해하는 것을 알고 기침이 나와도 참으려고 애써서 너무 힘들었던 적이 있다고 한참 후에 말한 적이 있었습니다. 아파도 상대의 입장을 생각하는 아이입니다.

엄마와의 관계를 중요시하는 가슴형인 2·3·4유형 성향의 아이들에게는 진료받을 때 엄마가 옆에서 손까지 잡아주면 엄마와 친밀감이 있다고 생각하며 안전감을 느낍니다. 무섭고 두렵지만 엄마가 옆에서 지켜주니 의지가 되고 편안함을 느낄 수 있습니다.

반면 장형 아이들은 엄마가 미리 말해주고 옆에서 지지해주면 의연하게 잘 견딥니다. 특히 8유형 성향의 아이들은 우는 것을 약한 행동이라고 생각하기 때문에 웬만해서는 잘 울지 않습니다. 넘어져도 남이 볼까 창피해하며 얼른 일어나 옷을 툭툭 털고 아무 일 없는 듯 씩씩하게 걸어가는 유형입니다. 이 아이들은 무릎이 까져서 피가 나도 잘 울지 않습니다.

성격유형에 따라 엄마들이 상황을 받아들이거나 표현하는 방법이 다르듯이 아이들도 마찬가지입니다. 은연중에 자신의 성향이 드러나는 것이지요. 아이의 생각이나 감정, 행동들이 틀린 것이 아니라 엄마와 다를 뿐입니다. 틀린 것이 아니라 다른 것이라는 점만 기억해도 육아의 많은 것들이 이해될 수 있습니다.

이불에 오줌을 쌌을 때

일정한 나이가 되면 아이들은 기저귀를 뗍니다. 하지만 그 후에도 몇 년간은 종종 이불이나 옷에 실수를 합니다. 어떤 아이는 초등학교에 입학하고도 오줌을 싸는 경우가 있습니다. 누구나 처음 가보는 장소나 처음으로 어떤 일을 하게 되면 두렵고 긴장하게 됩니다. 지극히 정상적인 반응입니다. 아이들도 마찬가지입니다. 유치원을 졸업하고 초등학교에 입학한 아이들이 새로운 환경에 호기심을 갖고 신기해하는 것은 당연하지만 반면에 긴장하는 것도 자연스러운 현상입니다.

아이가 긴장을 하면 종종 이불에 실수를 할 수 있습니다. 이때 엄마가 아이의 긴장된 정서를 읽지 못하고 '다 큰애가 이게 뭐야' 하고 다그치고 윽박지르면 아이는 심하게 위축됩니다. 죄책감을 느끼게 될 뿐만 아니라 자괴감에 빠져 자존감이 떨어집니다. 물론 이런 과정을 거쳤는데도 매번 오줌을 싸거나 빈번히 문제가 생기면 소아 전문가와 상담해볼 필요가 있습니다. 하지만 대부분은 몇 번의 경험을 하고 나면 자연스럽게 오줌을 가리게 되니 크게 걱정할 필요는 없습니다.

유아기 때 아이가 종종 실수를 하면 엄마가 자기 전에 화장실을 꼭 가도록 지도해주시기 바랍니다. 잠자리에 들기 전에 확인해서 갈 수 있게 하고, 만약 안 간다고 고집을 부려도 반드시 습관을 들이는 것이 좋습니다. 간혹 초등학생이 되어도 실수하는 경우가 있는데, 기억해야 할 것은 초등학교 1학년 입학 시기에 실수를 했다면 그건 긴장해서 그럴 수 있으니 매번 실수하지 않는다면 그냥 자연스럽게 지나가는 것이 좋습니다.

아이가 이불에 실수했을 때 절대 벌을 주어선 안 됩니다. 대신 엄마는 아이가 보이는 반응을 자세히 관찰할 필요가 있습니다. 실수 후에 아이가 죄책감을 느끼고 있는지, 두려움이 있는지를 살펴봐야 합니다. 또한 분노가 있는지 아니면 의연한 태도를 보이는지 잘 살펴야 합니다. 아이의 성향에 따라 다양한 반응을 합니다. 가슴형인 2·3·4유형 성향의 아이들은 자신의 실수로 엄마한테 사랑받지 못할까봐 매우 불안해합니다. 어떤 아이는 다음부터는 안 그래야지 하고 생각할 수도 있고, 어떤 아이는 계속 오줌 싸면 '어떻게 하지' 하면서 두려워할 수 있습니다. 특히 머리형인 5·6·7유형 성향의 아이들이 쉽게 두려움에 휩싸이곤 합니다. 아이가 어떤 성향이든 엄마가 자녀의 감정을 무시하고 핀잔을 주면 안 그래도 의기소침한 상황에서 부정적인 감정을 갖게 되기 마련입니다.

아이의 성향이 다르듯 어떤 상황에 대처하는 방식도 각각 다르다는 것을 염두에 두어야 합니다. 내 아이의 성향을 알면 자녀의 감정을 더 이해할 수 있을 뿐만 아니라 어떻게 극복해야 하는지도 알 수 있습니다.

사례_아이가 이불에 오줌을 쌌을 때

아이: 엄마~!

엄마: 왜? 아, 오줌을 쌌구나.

아이: 어떻게 해요.

엄마: 재민아, 걱정하지 마, 빨면 되니까. 엄마랑 이따가 같이 빨자.

아이: 그래도 돼요?

엄마: 그럼, 이건 누구나 실수할 수 있는 거야. 엄마도 어릴 때 그런 적
    이 있었어.

아이: 엄마도 그런 적이 있었어?

엄마: 그럼.

아이: 아~

엄마: 누구나 실수할 수 있어. 이따 엄마랑 이불 같이 빨자.

아이: 네.

아이가 실수를 할 경우 엄마는 자연스럽게 대하는 것이 좋습니다. 아이는 자신의 실수에 대해 민망해하거나 잘못한 일이라고 생각하며 죄책감을 가질 수도 있습니다. 특히 예민한 4유형 성향의 아이에게는 아주 부드러운 목소리로 말해야 합니다. 엄마의 사소한 억양에서도 상처를 받을 수 있기 때문입니다. 물론 2·3유형 성향의 아이들도 마찬가지입니다. 무심코 던진 엄마의 말에 수치심을 느끼고 가치 없는 사람이라고 생각할 수도 있습니다. 또 가슴형인 이 유형의 아이들은 엄마와 관계를 중요시하기 때문에 실수로 인해 관계가 안 좋아질까 봐 불안해하

는 경우도 있습니다.

머리형인 5·6·7유형 성향의 아이는 특히 불안감이 많기 때문에 안전감을 느낄 수 있도록 든든한 지원이 필요합니다. 엄마한테 말도 못하고 전전긍긍 혼자 앓는 경우가 있으니 실수에 대해 안절부절못하는 마음을 잠재워줘야 합니다.

이와는 달리 8유형 성향의 아이는 찌질하게 실수한 자신에 대해 화가 나서 분노의 감정을 밖으로 드러내기도 합니다. 또는 '그럴 수도 있지 뭐' 하고 더 당당할 수도 있습니다. 9유형 성향의 아이는 위축될 수 있으니 엄마가 상냥하게 '괜찮다'라고 말해줘야 합니다. 조용하고 불평불만 없고 잘 표현하지 못한다고 지나치기 쉬운 아이니까요.

뭐든지 올바르고 완벽해야 한다는 1유형 성향의 아이는 자신의 실수를 용납하기 힘들어하기 때문에 자책이 심합니다. 특히 1유형 성향의 아이에게는 누구나 실수할 수 있다는 점을 말해줍니다. 세상에는 완벽한 사람이 없다고 얘기해주세요. 긴장을 많이 하는 성향이라 엄마의 잔소리 때문에 더욱 위축될 수도 있으니 절대 혼내거나 잔소리는 금물입니다. 누구나 실수할 수 있는 일이라고 안심을 시켜줍니다. 특히 엄마도 어릴 때 실수한 적이 있다고 말하면 아이는 한결 마음이 가벼워집니다. 엄마가 괜찮다고 말해주면 고마운 마음이 생기고, 자연스럽게 같이 이불을 빨자고 하기 때문에 미안한 마음도 어느 정도 상쇄됩니다. 우리는 누구나 미성숙한 상태에서 성장하는 존재이므로 이런 실수는 아무 문제가 되지 않습니다. 엄마의 지혜로운 대화법이 아이의 자존감을 세워줄 수 있습니다.

마트에서 장난감 사달라고 떼쓸 때

아이든 어른이든 누구나 좋아하는 것을 갖고 싶어 하는 욕구가 있습니다. 특히 아이는 아직 욕구 조절이 미숙하기 때문에 원하는 것이 생기면 갖고 싶다고 떼를 씁니다. 그러다 보니 평소에 자신이 좋아하고 관심을 갖고 있는 것이 많은 백화점이나 마트에 가면 자제력을 잃는 경우가 많습니다. 상황이나 장소가 바뀌어도 엄마의 말에 아랑곳하지 않고 원하는 것을 갖겠다고 떼쓰고 고집을 피웁니다. 집에서 떼를 쓸 때는 그래도 엄마와 대화를 할 수 있는 환경이지만 백화점이나 대형마트에서 떼쓸 때는 대책이 없는 게 사실입니다. 하지만 아이가 떼를 쓴다고 무조건 들어줘서는 안 됩니다. 그렇게 되면 아이는 조절능력뿐만 아니라 떼를 쓰면 얻을 수 있다는 잘못된 버릇을 키울 수 있기 때문에 엄마의 지혜가 필요합니다. 아이의 욕구를 무시해서도 안 되지만 무조건 들어줘서도 안 됩니다. 아이가 갖고 싶은 마음을 공감해주고 코칭 대화로 현명하게 풀어가야 합니다.

사례_마트에서 사달라고 떼를 쓸 때

엄마: 민수야, 가야지.

아이: 싫어, 이거 사줘~ 엉엉.

엄마: 울면서 말을 하니 엄마는 하나도 알아들을 수가 없구나.

아이: 엉엉, 저거 사줘.

엄마: 엄마가 알아들을 수 있게 말을 해주면 좋겠다.

아이: 자동차 사줘.

엄마: 음, 자동차가 갖고 싶구나. 하지만 민수야 자동차는 저번에 샀잖아.

아이: 그거랑 다른 거야, 사줘.

엄마: 자동차 살 생각을 하지 않아서 돈을 준비하지 못했어. 집에 가서
    차분하게 얘기해보자.

아이: 싫어.

엄마: 엄마는 이제 갈 거야. 너 같이 갈래, 아니면 여기 있을래? 엄마는
    자동차 살 계획이 없어서 돈을 준비하지 않았어. 잘 생각해봐. (잠시
    아이에게 생각할 시간을 준다)

아이: ......

엄마: 이제 엄마는 간다.

대형마트에서 무조건 원하는 것을 사달라고 떼쓰며 아예 바닥에 드러
누워 발버둥치는 경우도 있습니다. 사람이 많은 곳에서 이렇게 난감한
행동을 하면 엄마는 주변 시선이 민망하고 불편해 결국 '알았어, 이번
한번만이야' 하고 물러서는 경우가 있습니다. 이렇게 되면 아이는 '아~

엄마한테 조르면 들어주는구나' 하고 인식하게 됩니다. 어른들에게 졸라서 자기 욕구를 충족하다보면 자기조절 능력이나 사회 예절 및 규범 등을 가볍게 생각할 수 있습니다. 어릴 때 잘못 형성된 습관이 성인이 된 후 사회생활을 할 때 돌발적으로 툭툭 튀어나오게 된다면 문제가 아닐 수 없습니다. 한편 잔뜩 화가 나고 창피해진 엄마가 '집에 가서 보자'면서 아이를 끌고 가는 경우도 있습니다. 물론 힘든 상황이지만 떼쓴다고 무조건 아이를 혼내는 것 또한 문제 해결에 큰 도움이 되지 않습니다.

무엇보다 일단 아이가 사달라고 떼를 쓰면 당황하지 말고 인내심을 갖고 차분하게 대화해야 합니다. 아이가 갖고 싶은 마음을 공감해주고, 무조건 울지 말고 원하는 것을 얘기하게 한 뒤 준비가 안 되었다고 말합니다. 그리고 집에 가야 한다며 아이에게 같이 갈 것인지 아닌지 선택하게 합니다. 분명히 마트에서 떼를 쓰는 상황은 당황스럽고 대처가 쉽지 않습니다. 무시하고 억지로 데려와도 안 되고 아이의 떼에 못 이겨 원하는 것을 그대로 사줘서도 안 됩니다. 무엇보다 집에 돌아와서 반드시 아이와 대화를 나눠야 합니다. 왜 갖고 싶은지를 듣고, 아이가 원하는 것을 살 계획 등을 서로 대화로 풀어야 합니다. 어렵고 힘든 상황이지만 단호하고 완강한 태도를 고수하는 용기도 필요합니다. 이럴 때는 아이의 감정을 공감해줘야 할 뿐만 아니라 엄마 스스로도 감정 조절이 필요합니다. 어떠한 경우든 엄마는 인내심을 갖고 지혜롭게 대처해야 됩니다.

아이의 성향마다 자신이 원하는 것에 대한 욕구 충족 스타일도 다릅니다. 자신이 갖고 싶은 것에 대해 요구하고, 엄마의 반응에 대처하는 방식 또한 성향별 차이가 있습니다. 3·7·8유형 성향의 아이들은 원하는 것이 있으면 적극적으로 요구해서 빨리 갖고 싶어 합니다. 사달라고 계속 보채고 엄마가 안 된다고 해도 손에 넣을 때까지 떼를 쓸 수가 있습니다. 이럴 땐 아이에게 단호하게 안 되는 이유를 말해야 합니다. 한 번 엄마가 아이의 고집을 꺾지 못하면 계속해서 자신이 원하는 것이 있을 때마다 떼를 쓸 수도 있습니다.

반면 1·2·6유형 성향의 아이들은 가지고 싶어도 엄마의 눈치를 보거나 상황에 따라 사달라고 합니다. 정말 갖고 싶으면 사달라고 떼쓰다가도 엄마의 반응을 살피고 엄마가 안 된다고 말하면 엄마의 의견을 따르는 편입니다. 갖고 싶은 것이 있으면 미리 엄마가 원하는 것을 먼저 해놓는 경우도 있습니다. 심부름을 하거나 방을 청소하거나, '엄마 나 숙제 다 했어'라고 말합니다. 아이를 키우다 보면 엄마는 행동을 보고 아이의 욕구를 파악할 수 있습니다. 이때 엄마가 아이의 마음을 알아채고 '뭐 갖고 싶은 것이 있니?'라고 물으면 아이는 갖고 싶은 것을 얼른 말합니다. 즉 엄마 마음에 들도록 눈치껏 행동하는 것이지요.

엄마들이 놓쳐서는 안 될 점은 이런 아이들은 엄마나 주변 상황에 따라 자신의 욕구를 억누른다는 것입니다. 아이가 표현은 안 해도 속으로는 갖고 싶은 마음이 있기 때문에 엄마는 아이가 무엇을 원하는지 살펴볼 필요가 있습니다. 인간은 누구나 욕구를 갖고 있으며 원하는 것을 얻고 싶습니다. 지나치게 자신의 욕구를 억누르면 언젠가 더 크게 표출될 수도 있습니다. 특히 어린 시절 욕구가 불만족한 경우 그 갖고 싶은 욕구가 채워지지 않아 어른이 된 후 엉뚱한 형태로 표출되기도 합니다.

에니어그램 코칭맘

특히 4·5·9유형 성향의 아이들은 갖고 싶어도 표현을 당당하게 못하는 편입니다. 떼를 쓰거나 강력하게 요구하는 대신 원하는 것이 있으면 시무룩해 있거나, 뭔가 삐져 있는 것처럼 방에 틀어박혀 안 나오기도 합니다. 아이는 자신의 욕구를 알아주기를 바라는 행동을 하면서 엄마의 관심을 끌려고 합니다.

이렇듯 아이들은 성향에 따라 다양하게 자신의 욕구를 충족하려 듭니다. 아이의 성향을 파악해 욕구를 알아주고 충족시켜주는 것이 매우 중요합니다.

아이가 다쳤을 때

아이를 키우다 보면 크고 작은 일로 다치는 일이 생깁니다. 밖에서 놀다가 넘어질 수도 있고 친구랑 부딪쳐서 다칠 수도 있습니다. 물론 유치원이나 학교에서 다쳐서 올 때도 있습니다. 어떤 경우든 아이가 다치면 엄마는 속상합니다. 속상한 마음에 다친 아이를 먼저 살피지 않고 '왜 다쳤어?', '눈은 도대체 어디다 두고 다니니?', '아이 속상해, 또 다쳤어?' 하며 엄마의 감정만 내세울 때도 있습니다.

아이 입장에서는 그렇잖아도 다쳐서 아픈데 엄마의 냉정하고 다그치는 태도에 마음이 더 다치고 맙니다. 조심성 없이 다니다가 다쳤다고 아이를 야단치면 아이는 아프기도 하고 창피하기도 합니다. 다쳐서 놀란 마음에 엄마까지 그렇게 야단을 치니 여러 가지 감정이 생깁니다. 무엇보다 아이가 울고 있을 때 '남자가 왜 울어. 뚝 그쳐!'라고 말해서는 안 됩니다. 그러지 않아도 속상한데 아파도 참으라고 하면 애써 감정을 억누르게 됩니다.

사례_아이가 밖에서 다쳐서 왔을 때

아이: 앙.

엄마: 어머, 재혁아!

아이: 엄마~.

엄마: 아프지.

아이: 앙~ 아파.

엄마: 재혁아, 많이 아팠겠구나. (안아준다) 엄마가 옆에 있으니까 괜찮
　　　아. 소독하고 약 바르자.

아이: 엄마~.

엄마: 어떻게 하다가 다친 거니? (아이가 충분히 안정되면 묻는다)

아이: 그게요~~.

아이: 그게요~~ 뛰다가 넘어졌어요.

엄마: 뛰다가 넘어졌구나~. 왜 뛰었는데?

　아이가 다쳐서 왔을 때 엄마는 무엇보다 놀란 마음을 안정시키는 것
이 우선입니다. 왜 다쳤는지, 무엇하다가 다쳤는지는 나중에 물어봐도
됩니다. 심하게 다친 경우가 아니라면 이유가 급한 것은 아니기 때문입
니다.

　아이들의 성향에 따라 조금 다쳐도 엄살이 심한 아이가 있고 대범하
게 행동하는 아이도 있습니다. 아이마다 다쳤을 때 표현방법이 다르듯
엄마의 반응도 제각각입니다. 성향이 어떻든 엄마는 아이가 밖에서 다
쳐 왔을 때 우선적으로 다친 몸과 놀란 마음을 안아줘야 합니다. 9유형

성향의 아이는 웬만해서는 자신을 잘 표현하지도 않고 묻는 말에 빨리 빨리 대답하지도 않습니다. 무던한 성격이라 엄마가 신경을 써주지 않으면 표현은 안 해도 서운한 감정을 속으로 쌓아 상처로 남습니다.

특히 활동성이 강한 8유형이나 7유형 성향의 아이들이 잘 다치기도 합니다. 8유형 성향의 아이들은 심하게 다친 경우가 아니면 대수롭게 생각하지 않는 경우가 있습니다. 7유형 성향의 아이들도 생각 자체가 긍정적이라 어지간하면 심각하게 생각하지 않는 편입니다.

반면에 가슴형인 2·3·4유형 성향의 아이들은 반드시 아픈 마음을 공감해줘야 합니다. 엄마가 큰 상처가 아니라고 대수롭지 않게 넘어가면 아이는 매우 섭섭하게 생각합니다.

그러나 어떠한 성향의 아이든 엄마의 관심과 사랑을 받고 싶어 하는 아이일 뿐입니다. 성향에 관계없이 어느 아이나 따뜻한 위로와 관심을 받고 싶어 합니다.

우선 아이를 안정시키면서 얼마나 다쳤는지 상태를 살펴봐야 합니다. 아픔을 호소하는 아이의 말을 받아주면서 아이의 마음을 받아들여야 합니다. 무엇보다 엄마의 따뜻한 품으로 안아주는 것이 중요합니다. 차츰 아이가 안정을 되찾으면 어떻게 된 일인지 자초지종을 그때 물어봅니다. 아이는 엄마의 보살핌으로 마음이 안정되었기 때문에 차분하게 설명할 수 있습니다. 이성적으로 상황을 설명할 수 있도록 엄마가 코칭 질문을 해주면 됩니다. 그리고 다시는 그런 일이 일어나지 않도록 어떻게 하면 좋을지 꼭 물어봐야 합니다. 아이 스스로 문제점이 무엇이었는지 생각할 수 있고 그에 따른 대책도 세울 수 있기 때문입니다. 아이의 연령에 따라 적절한 질문을 해야 한다는 점을 꼭 기억해야 합니다. 물론 이것은 상처가 가벼울 때 가능한 일입니다.

아이가 다쳤을 때 놓쳐서는 안 될 것이 있습니다. 아이는 슬프면 울고 아프면 아프다고 말해야 합니다. 자신의 감정을 잘 표현할 줄 알아야 합니다. 특히 우리 문화에서는 남자는 울면 안 된다는 신념이 있습니다. 그러나 무엇보다 자신의 감정을 잘 표현하고 다뤄야 합니다. 무조건 참을 일이 아니라 아프다는 감정을 느끼고 솔직하게 표현할 수 있어야 하는 것입니다. 느끼는 감정을 있는 그대로 알게 되면 자신의 감정에 솔직해집니다. 자신의 감정을 느낄 수 있어야 다른 사람의 감정에 대해서도 생각할 수 있습니다.

에니어그램 코칭맘

바빠서 아이의 말을 들어줄 수 없을 때

엄마들은 가정에서 할 일이 한두 가지가 아닙니다. 한창 가족의 식사도 챙겨야 하고 집안일도 해야 하는 정신없는 상황에서 아이가 말을 걸어오면 난감합니다. 아이가 질문을 할 때 엄마는 무조건 하던 일을 멈추고 아이와 눈을 맞추며 아이의 말에 공감해주고 대응해줘야 하기 때문입니다. 그러나 집안일로 바쁠 때 아이가 자꾸 질문을 하면 엄마들은 하던 일을 멈출 수가 없어 건성으로 대답하기 쉽습니다. 이론적으로는 무조건 아이의 말을 들어주고 공감해줘야 한다고 알고 있지만 현실은 그리 녹록치 않습니다. 돌봐야 되는 어린 아이가 있다면 문제는 더욱 힘들어집니다.

아이들은 엄마가 어떤 상황인지 대부분 잘 파악하지 못합니다. 엄마가 자기 말을 들어주기를 바라는 마음에 더 옆으로 가서 말을 하게 됩니다. 그러면서 '엄마 내 얘기 듣는 거야?' 하며 짜증을 냅니다. 아이는 엄마가 자기 이야기를 듣지 않으면 거부당했다고 생각합니다. 아이가 말을 할 때 엄마는 당연히 온 몸과 마음으로 대해야 합니다. 하지만 당장 아이와 대화할 수 없는 상황일 때는 아이에게 양해를 구하는 것이 좋습니다. 엄마가 지금 바빠서 도저히 들을 상황이 안 되니 일을 다 끝낸 뒤에 다시 얘기하자고 하면, 아이도 엄마의 상황을 이해하기 때문에 고개를 끄덕이며 알았다고 수용하게 됩니다.

사례_엄마가 김치를 담그는 중에 얘기를 하고자 할 때

아이: 엄마, 있잖아, 오늘 말이야.

엄마: 응. 왜?

아이: 유치원에서 있지...

엄마: 응, 유치원에서?

아이: 상 스티커 받았어.

엄마: 스티커 받았어? 와 좋았겠다, 오늘 수민이가 스티커 받을 일 했어?

아이: 응, 친구 도와줬어. 그리고 엄마 나 칭찬도 받았어.

엄마: 정말? 와 너무 좋다. 근데 있지. 엄만 수민이 이야기 자세히 듣고 싶은데 지금 김치 담아야 해서 바쁘거든. 나중에 다 끝나고 천천히 들으면 안 될까?

아이: 응, 좋아.

아이가 말을 건넬 때 엄마는 어떠한 경우라도 일단 아이 쪽으로 몸을 돌리고 아이와 눈을 맞추며 대답해줘야 합니다. 그냥 건성으로 대답하는 것이 아니라 아이와 확실한 아이컨택이 필요합니다. 또한 아이의 말에 반복해서 공감해주어야 합니다. 아이와 충분한 대화를 할 수 없을 때에도 우선 몸과 마음으로 아이를 맞아줘야 하는 것입니다. 기본적으로 충분히 공감해주었다면 엄마가 대화를 할 수 없는 상황을 이야기할 때 아이도 섭섭하지 않습니다. 엄마 입장을 이해하게 되는 것입니다.

가슴형인 2·3·4유형 성향의 아이들은 엄마가 듣는 둥 마는 둥하면 거부당한 마음이 듭니다. 사랑받지 못하는 존재, 관심 받지 못하는 존재라 느끼며 자신이 가치 없는 사람이라는 생각에 수치심을 느낄 수도 있습니다. 특히 4유형 성향의 아이들은 너무나 예민하기 때문에 버림받았다고 생각하며 쉽게 우울해지기도 합니다. 머리형인 5·6·7유형 성향의 아이들에게는 차근차근 바쁜 상황을 이야기하여 머리로 이해시키는 것이 중요합니다. 그렇지 않으면 아이들은 불안을 느낄 수 있습니다. 장형인 8·9·1유형 성향의 아이들은 바쁘다는 것을 솔직하게 말하면 금방 받아들입니다. 다만 핑계를 대거나 거짓말을 하면 아이는 금방 알아채고 신뢰감이 깨져 오히려 엄마한테 싫은 소리를 할 수도 있습니다.

엄마들은 당연히 아이들의 자존감이 높기를 바랍니다. 자존감이란 자신이 가치 있고 소중한 존재라는 것을 느낄 때 생깁니다. 엄마가 온 몸과 마음으로 경청하고 공감해줄 때 아이의 자존감이 쑥쑥 올라가는 것은 당연한 일입니다. 아이와 당장 대화할 수 없는 상황이라면 일단 엄마는 아이의 이야기를 듣고 있다는 태도를 보여야 합니다. 그리고 '지금은 김치 담기 때문에 나중에 이야기하자'라고 시간을 벌어야 합니다. 엄마들 각각의 상황에 적용해 아이의 마음이 다치지 않도록 지혜롭게 대처해 나가면 됩니다.

대회에서 실수한 아이에게 용기를 줄 때

요즘 아이들은 예전에 비해 유치원이나 학교에서 발표회나 각종 대회에 도전할 기회가 많습니다. 미술대회, 음악 콩쿠르, 태권도 대회, 영어 말하기 대회 등 크고 작은 대회에 출전합니다. 아이들은 어떤 목표를 갖고 도전해서 결과가 생각만큼 나오지 않으면 크게 실망을 하곤 합니다. 물론 아이들의 사기와 자신감을 위해 모두가 상을 탈 수 있도록 주최 측에서 조정할 때도 있는데, 이것은 아이들에게 성취감을 높이기 위함이지요. 그럼에도 대회는 대회인 만큼 순위가 있기 마련입니다. 똑같은 상을 다줄 수는 없기 때문에 아이가 원하는 결과를 얻지 못할 수 있습니다.

상을 수상하지 못하면 성향에 따라 결과를 받아들이는 태도에 다소 차이가 있지만 어느 유형의 아이든 시련은 겪게 됩니다. 나름 열심히 노력했는데도 생각만큼 결과가 나오지 않을 때 당연히 아이들은 시무룩해지고 의기소침해집니다. 이때 엄마가 아이를 어떻게 대하느냐에 따라 툭 털고 다시 도전할 용기를 얻을 수도 있고, 더욱 나락에 떨어질 수도 있습니다. 엄마도 속상하겠지만 당사자인 아이의 욕구는 더 간절한 것입니다. 아이가 겉으로 표현하지 않는다고 '아이 속상해. 더 잘할 수 있었는데'라거나 '실수했네', '왜 긴장했니, 하던 대로 했으면 되는데' 이런 식으로 말하면 아이는 스스로 한심해하며 기가 꺾이게 됩니다. 누구나 실수할 수 있습니다. 또 모두가 원하는 결과를 얻을 수는 없습니다. 다음에 또 도전할 수 있도록 용기를 북돋아주는 것이 중요합니다. 인간은 실패를 통해 얻는 것이 있기 때문입니다.

사례_영어 스피치 대회에서 실수했을 때

아이: 엄마~.

엄마: 민주야~, 수고했어.

아이: 엄마, 나 실수해서 밍쳐버렸어. 속상해~

엄마: 조금 긴장했나보구나. 속상하겠다. (안아주거나 등을 토닥여준다)

아이: 나 매일 매일 외웠는데...

엄마: 그럼, 민주가 얼마나 많이 연습했는데.

아이: 응. (아이가 충분히 안정될 때까지 기다려준다)

엄마: 민주가 생각하기에 이번 대회는 어땠어?

아이: 너무 떨려서 긴장했어.

엄마: 왜 그랬던 것 같아?

아이: 무대에 올라갔는데 갑자기 온몸이 떨려서 외운 게 생각이 안 났어.

엄마: 그랬구나, 떨렸구나.

아이: 떨리고 당황하니 갑자기 생각이 안 나서 빼 먹고 말았어.

엄마: 떨리고 긴장하면 그럴 수 있지.

아이: 다음 대회 때는 더 잘해야겠어요.

엄마: 그럼, 다음엔 어떻게 할래?

아이: 안 떨 거야.

엄마: 그래야지, 또 다른 건 없을까?

아이: 차분하게 침착하게 해야지.

엄마: 그래, 떨려도 차분하고 침착하게 하려면 어떻게 하면 좋을까?

아이: 음, 무대 올라가기 전에 크게 숨쉬기 하고...

엄마: 숨쉬고~ 또 뭐가 있을까?

아이: 그리고......

특히 아이들은 노력한 것에 대해 좋은 결과를 얻음으로써 칭찬받고 인정받고 싶어 합니다. 그러다 보니 당연히 자신의 기대에 못 미치는 결과가 나왔을 땐 무척 힘들어합니다. 성향에 관계없이 누구든 원하는 것을 얻지 못했을 때 좌절감을 느낍니다. 화나고 침울하고 슬픈 감정은 공통적으로 느낍니다. 하지만 좌절을 벗어나는 것은 성향에 따라 다릅니다.

2·7·9유형 성향의 아이들은 결과에 대해 대부분 긍정적으로 생각하는 경향이 있습니다. '그까짓 거 뭐', '좋은 게 좋은 거야', '할 수 없지, 다음에 잘하면 되지' 하며 낙천적으로 생각하고 툭 털어버립니다. 반면 4·6·8유형 성향의 아이들은 결과에 대해 자신의 감정을 강렬하게 드러냅니다. 버럭 화내면서 속상해하거나 의기소침해하면서 우울해집니

다. 삐져 있거나 '다음에 또 못하면 어떻게 하지' 하고 걱정하는 마음을 드러내기도 합니다. 한편 1·3·5유형 성향의 아이들은 '무엇이 문제였지?', '다음에 잘하려면 어떻게 해야 하지?'를 곰곰이 생각하고 대책을 세워 문제를 해결하려고 듭니다.

이렇게 아이들의 성향에 따라 결과에 대한 반응이 다르기 때문에 '우리 아이는 왜 이렇게 욕심이 없는 거야?', '뭐가 잘못됐는지 생각이나 하는 거야?', '왜 이렇게 징징거리지?' 등 엄마들 기준으로 판단해서는 안 됩니다. 아이들은 성향이 다르듯 받아들이는 것도 다르고, 회복하는 것도 다르다는 점을 꼭 기억해야 합니다.

아이들의 성향이 어떻든 엄마는 아이가 실수했을 때 무엇보다도 '연습할 땐 그렇게 잘하더니 왜 실수했어, 아이 속상해'라며 아이의 실수를 책망하지 말아야 합니다. 엄마가 더 실망하고 아쉬운 나머지 자신의 감정을 조절하지 못하고 속상한 감정을 드러내거나 실수한 것을 몰아붙이면 아이는 기가 죽게 됩니다.

우선 아이의 속상한 기분을 공감해주려는 엄마의 태도가 중요합니다. 아이가 몹시 흥분하고 속상해 할 때 서두르지 말고 아이의 상태에 맞춰 천천히 대화하도록 합니다. 실패를 딛고 다음 계획을 세워 매진하도록 할 생각에 아이의 마음이 채 진정되기도 전에 코칭 질문을 계속하면 안 됩니다. 아이가 충분히 정리하고 계획을 세울 수 있도록 시간을 주어야 합니다. 늘 말하지만 답은 정해져 있는 것이 아닙니다. 아이의 성향에 맞게 조절하고 인내해야 합니다. 내 아이는 옆집아이와 받아들이는 것도 다르고 어려운 상황에 처했을 때 극복하는 힘도 다릅니다.

이 점은 늘 명심해야 할 부분입니다. 아이의 성향에 맞게 이미 일어난 결과에 대해 질문하다 보면 아이는 자신의 실수에 대해 되돌아보게 됩니다. 이런 과정을 통해 실수한 원인을 찾아 정리할 수 있고, 앞으로의 대책에 대해서도 계획할 수 있습니다.

정리정돈과 청소 등 생활습관을 들여야 할 때

아이를 키우다 보면 학습뿐만 아니라 생활습관을 가르쳐야 할 때가 있습니다. 특히 자기 방이나 책상 정리는 어려서부터 습관을 들여야 합니다. 작은 것을 관리하는 습관을 통해 커서도 스스로 자기관리가 되기 때문입니다. 아이가 어려도 자기가 가지고 논 장난감이나 책상 정리 등은 스스로 할 수 있도록 어릴 때부터 조금씩 습관을 들여야 합니다. 아이가 스스로 한다고 해도 제대로 깔끔하게 정리하지는 못하므로 엄마들은 성에 차지 않아 아이가 할 수 있도록 기다려주지 않고 자신이 해버리곤 합니다. 어른의 눈으로는 답답해보이고 맘에도 안 들지만 스스로 조금씩 정리하는 습관을 들이다 보면 아이도 만족감과 성취감을 느낄 수 있습니다. 그리고 이런 습관이 들면 당연히 책상정리나 방 정리정돈은 스스로 할 수 있게 됩니다. 물론 성향에 따라 생활습관에도 다소 차이가 있기 때문에 아이가 어떤 유형인지를 파악하는 것이 중요합니다.

아이가 점점 커가면서 해야 할 일도 늘어나기 때문에 자칫 정리정돈

습관 같은 경우는 간과하기 쉽습니다. 하지만 할 일이 많아지고 시간이 없어도 자기 책상정리나 가벼운 방 청소는 스스로 할 수 있도록 꾸준하게 지도해야 합니다. 정신없이 복잡한 책상과 지저분한 방을 보면서 화를 내며 '왜 이렇게 지저분해', '이제 청소는 스스로 좀 해', '몇 번 말해야 알겠니?'라며 얘기를 해봐야 갈등만 생길 뿐입니다.

사례_ 정리정돈과 자기 방 청소를 하도록 할 때

엄마: 수현아, 뭐하니? 어머나, 방바닥과 책상 위가 꽤 심각하네.

아이: 나중에 할 거예요.

엄마: 음. 너무 심각하니 지금 하면 어떨까?

아이: 청소하긴 할 건데, 정리할 것이 너무 많아서요.

엄마: 그럼 엄마가 조금 도와주면 어떨까?

아이: 정말이요? 엄마가 도와주시면 금방 끝나죠.

엄마: 그래, 이 방 청소하고 다 정리하려면 시간이 걸리겠지만 그래도 함께하면 금방 끝낼 수 있겠다.

아이: 네.

엄마: 어디부터 청소하는 게 좋을까?

아이: 바닥에 있는 옷.

엄마: 옷은 어떻게 해야 할까?

아이: 빨아야 되니까, 세탁실에 갖다놓고...... (세탁실에 갖다놓는다)

엄마: 다음은?

아이: 바닥에 있는 가방.

엄마: 가방은 어떻게 하면 될까?

아이: 가방 거는 데에 걸어놓고.

엄마: 그럼, 다음엔 뭐할까?

아이: 책상정리요.

엄마: 책상 위는 어떻게 정리할 거니?

아이: 필요 없는 것은 버리고, 연필들은 꽂아놓고……

엄마: 버릴 것 담을 봉지 가져올게. 다음엔 뭘 정리하면 좋을까?

아이: 책상 위에 쌓아놓은 책이랑 노트 정리해야겠어요.

엄마: 오, 좋았어. 쌓아놓은 것들은 어떻게 정리할까?

아이: 책은 책장에 꽂고, 노트 다 쓴 것은 버릴래요.

엄마는 아이의 책상이나 방이 지저분하다고 안 치웠다며 무턱대고 야단치지 말고 차분하게 이야기해야 합니다. '치운다며 왜 안 치우니', '거의 돼지우리구나' 이런 식으로 몰아붙일 일이 아니라 아이가 스스로 조금씩 정리할 수 있도록 도와주어야 합니다. 아이가 치우기 싫어 자꾸 미루며 변명한다고 생각하지 말고 문제를 해결할 수 있도록 코칭 대화를 하거나 함께 도와주면서 해결하도록 합니다.

성향에 따라 자기 주변을 잘 정리하는 아이가 있는 반면 별로 신경을 안 쓰는 아이도 있습니다. 1유형 성향의 아이는 엄마가 특별히 잔소리하기 전에 자기 할 일을 스스로 하는 편입니다. 9유형 성향의 아이는 게으르고 느린 경향이 있을 뿐만 아니라 지저분해도 크게 개의치 않습니다. 방바닥에 옷이 널브러져 있으면 발로 쓱 밀어놓기도 합니다. 8유형 성향의 아이들은 코칭 대화를 하며 스스로 할 수 있도록 기다려주는 것이 좋습니다. 2유형 성향의 아이는 엄마와 함께 청소하는 것을 통해 충분히 지도할 수 있습니다. 특히 4유형 성향의 아이는 예민하기 때문에 수치심을 느끼지 않도록 조심스럽게 대화해야 합니다. 머리형인 5·6·7유형 성향의 아이들에게는 왜 정리해야 되는지 이해를 시켜주면 됩니다. 차근차근 이야기하면 다 알아듣고 알아서 할 수 있으니까요.

요즘 아이들은 하는 것도 많고 신경 쓸 일도 많아 자기가 해야 할 일을 소홀히 할 수 있습니다. 하지만 자기 책상과 방은 최소한의 정리정돈과 청소를 할 수 있도록 습관을 들여야 합니다. 난장판 상태인 방을 혼자서 전부 치우려고 하면 시간이 많이 걸릴 뿐만 아니라 엄두가 나지 않아 지레 포기해버리는 경우도 있습니다. 제대로 습관을 들여야 한다는 욕심 때문에 무리하게 요구하시는 않아야 합니다. 너무 치울 것이 많아 아이가 힘들어할 때는 엄마가 일정 부분 도와줘도 무방합니다.

모든 것이 그렇듯이 연령에 맞는 훈육과 지도가 필요합니다. 유아기라면 아이가 할 수 있는 범위 내에서 정리하도록 합니다. 초등학생이면 충분히 자기 책상과 책장 정리는 할 수 있습니다. 할 수 있는 만큼 매일 조금씩 치우면 아이도 부담을 덜 느낄 수 있기 때문에 코칭 대화를 하면서 조금씩 청소할 수 있도록 질문하는 것이 포인트입니다. 어떠한 것이든 한꺼번에 큰 문제를 해결하려고 하면 버겁게 느껴져 의욕을 잃어버리거나 자신감이 떨어질 수 있습니다. 인내심을 갖고 차근차근 한 가지씩 정리하고 청소할 수 있도록 질문해야 합니다.

공부에 흥미를 갖게 할 때

엄마들에게 아이의 공부는 아주 중요한 문제입니다. 아이의 미래를 생각할 때 공부는 늘 가장 민감한 최대 관심사일 수밖에 없습니다. 특히 한국 엄마들의 교육열은 세계가 알아줄 정도입니다. 하지만 아이의 발달단계와 성향을 고려하지 않는 교육은 처음에는 결과물을 얻는 것 같지만 자칫 흥미를 잃어버리게 할 수도 있습니다. 아이를 잘 키우고 싶다는 욕심으로 아이의 발달단계와 성향을 무시한다면 미래사회가 원하는 아이로 키울 수 없습니다. 무엇보다 아이가 어릴수록 인지적인 부분보다는 경험에서 얻는 것이 더 효과적입니다. 놀이와 흥미 있는 활동을 통해서 사고력과 창의력을 키워줄 수 있습니다.

많은 엄마들이 자녀 교육을 위해 많은 투자를 하고 있지만 아이들은 엄마의 생각과는 다소 다를 수 있습니다. 아이의 미래를 생각한다며 '무조건 공부해야 된다'는 식으로 밀어붙이거나 공부의 필요성을 이해시키려고 설교하는 것은 옳은 방법이 아닙니다. 제대로 된 성과는 아이 스스로 하고자 하는 의욕이 있을 때 나타나기 때문입니다.

엄마: 아들, 새로 등록한 영어학원은 다닐 만해?

아이: 그냥 그래요.

엄마: 아니 왜? 적응하기 어려워? 아니면 영어 공부하기 싫어?

아이: 음, 꼭 싫다기보다는... 좀... 피곤해서요.

엄마: 좀 힘들구나?

아이: 응. 조금 힘들어요.

엄마: 요즘 진도가 어디쯤인데?

아이: 고급 회화 배워요.

엄마: 고급? 어머 벌써 고급반이야? 어려운 것 배우는구나. 엄마는 영
    어회화를 잘 못했는데, 동현이는 어때?

아이: 처음에는 쉬워서 금방 따라했는데 요즘은 짐짐 어려워졌어요.

엄마: 그렇구나. 엄마도 회화는 더 배우고 싶어. 몇 년 전 미국에 여행
    갔을 때 입도 벙긋하지 못했거든. 동현이가 좀 가르쳐줄래?

아이: 엄마도 회화 공부해보게요?

엄마: 응. 요즘은 기본적인 회화는 알아야 해. 동현이가 엄마도 가르쳐
    주고, 같이 공부하자.

아이: 음, 알았어요.

　어떤 공부를 하거나 점점 어려워지면 흥미가 떨어질 수 있습니다. 요
즘은 영어도 어려서부터 배우기 때문에 초등학생이라도 어려운 단계
로 나가는 경우가 종종 있습니다. 아이들은 자신이 아는 것은 매우 쉽

게 접근하지만 어려운 단계가 되면 살짝 힘들어하게 됩니다. 아이가 받아들이는 능력에 따라 단계를 조절할 필요가 있습니다.

그와 더불어 아이들이 조금 힘들어할 때 엄마의 관심과 애정이 흥미를 다시 북돋아줄 수 있습니다. 물론 성향에 따라 강약 조절을 하는 것이 필요합니다. 장형인 8·9·1유형 성향의 아이들에게는 코칭 대화를 통해 믿고 기다려주는 것이 좋습니다. 특히 눈으로 공부하는 것보다는 손으로 쓰면서 공부하면 정리도 잘되고 기억창고에 저장도 잘됩니다. 칭찬과 격려와 더불어 적절한 보상도 좋은 방법입니다.

가슴형인 2·3·4유형 성향의 아이들에게는 어려운 공부를 하고 있다는 것을 인정하고 감정을 공감해주어야 합니다. 특히 친구나 엄마와 함께 듣고, 말하기로 토론식 상호작용을 통해 공부하면 이해도 잘되고 말로 표현하면서 정리되어 기억에 잘 저장됩니다. 머리형인 5·6·7유형 성향의 아이들에게는 공부해야 하는 이유에 대해 차분히 대화를 나눠보는 것도 좋습니다. 집중해서 눈으로 보고 읽으면서 공부하면 이해가 잘되고 논리적으로 정리됩니다.

엄마는 아이가 흥미 없어할 때 오히려 아이의 공부에 관심을 나타내야 합니다. 아이가 조금이라도 잘하는 것이 있다면 칭찬해주면서 추켜세워주도록 합니다. 또한 아이의 자부심을 자극하고 엄마의 경험담을 전하는 것도 매우 효과적입니다. 엄마가 아이의 공부 과목에 대해 관심과 흥미를 가지는 것 또한 동기부여가 됩니다. 무엇보다도 엄마가 함께 공부하자고 제안할 때 싫다고 말하는 아이는 없습니다. 아이가 공부에 대해 관심과 흥미를 갖고 즐거움을 느낄 수 있도록 엄마가 옆에서 도와줘야 합니다. 엄마는 공부하지 않으면서 아이한테 '공부해라' 밀어붙여 봤자 소용없습니다. 어느 성향의 아이든 아이가 흥미를 갖도록 관심을 갖고 함께하는 것이 가장 큰 효과가 있습니다.

스마트폰에 빠져 있을 때

요즘 어른이든 아이든 스마트폰 없는 사람이 없습니다. 연세가 많은 어르신들도 자식들이 폰을 사줘 많이들 가지고 있습니다. 초등학교 저학년들도 스마트폰을 많이 가지고 있죠. 엄마가 워킹맘일 때는 아이와 연락할 일이 많아 사주는 경우가 있지만 또래 아이들 사이에서 sns로 소통하기 때문에 울며 겨자 먹기 식으로 사주는 경우도 많다고 합니다. 심지어는 집에 유선 전화가 없는 세대도 많습니다. 그만큼 스마트폰은 우리 생활 깊숙이 들어와 떼려야 뗄 수 없는 상황입니다. 스마트폰의 유익함이 많지만 이런저런 문제점이 있는 것 또한 사실이죠.

어린 아이를 키우는 엄마들에게도 스마트폰은 필수가 된 지 오랩니다. 엄마들은 종종 카페나 점심모임이 있을 때 떼쓰는 아이들을 스마트폰으로 달래곤 합니다. 급하게 집안일을 해야 할 때도 아이에게 스마트폰을 주어 놀게 하고, 장거리 여행할 때도 아이가 지루해서 보채면 손쉬운 방법으로 스마트폰을 꺼내 아이의 관심을 돌립니다. 문제는 임시방편으로 급한 나머지 스마트폰을 줘버릇할 때 아이들은 이것을 기억하고 있다는 점입니다. 그래서 엄마가 집안일을 하거나 같이 모임을 가게 되면 당연히 스마트폰을 달라고 합니다.

얼마 전 한 기관에서 장난감과 스마트폰을 놓고 아이들에게 하나를 선택하라는 실험을 했는데, 그 결과 놀랍게도 약 65퍼센트 아이들이 장난감이 아니라 스마트폰을 선택하였습니다. 요즘 아이들에게 스마트폰이 그만큼 많이 노출되어 있고 친숙하다는 의미입니다. 또한 영유아 스마트폰 사용률이 68퍼센트 정도라는 또 다른 조사결과도 있었습니다.

이렇듯 아이가 스마트폰에 빠지게 되면 여러 가지 문제가 생깁니다. 무엇보다 스마트폰을 한번 보기 시작하면 아이 스스로 시청을 자제하거나 조절하기가 쉽지 않습니다. 더 심각한 것은 스마트폰에 중독되면 우뇌 발달이 저하되기 때문에 뇌 발달의 불균형이라는 문제가 야기될 수 있다는 점입니다. 공간시각 능력과 감성 등을 담당하는 우뇌의 발달 저하는 충동장애를 초래할 수 있습니다. 과도한 스마트폰 노출과 중독이 충동을 조절하고 억제하는 데 장애를 만드는 겁니다. 영유아 아이를 달래기 위해 스마트폰을 주는 것은 이토록 위험한 일입니다.

스마트폰뿐만 아니라 과도한 텔레비전 시청도 아이의 언어발달을 둔화시킵니다. 더 놀랍고 충격적인 사실은 우측 대뇌가 면역기능을 촉진하는 역할을 하기 때문에 우뇌 기능이 떨어지면 면역 기능도 떨어질 수 있다는 사실입니다. 즉 아이가 신체적 · 정신적으로 약해지는 것입니다. 결국 스마트폰 장시간 노출은 면역력과 영유아의 언어발달 등에 큰 문제를 일으킵니다. 임시방편으로 주는 게 반복되면 점점 걷잡을 수 없는 상황에 이를 수도 있으므로 신중하게 접근해야 합니다. 엄마들이 집안

에니어그램 코칭맘

일과 육아, 복잡한 인간관계로 힘들고 버거울 때가 많지만 이러한 사실을 염두에 두고 좀 힘들더라도 현명하고 지혜롭게 대처해야 합니다.

또한 스마트폰 미디어를 통해 글을 배운 아이는 종이책에 흥미를 보이지 않습니다. 스마트폰이나 텔레비전 영상에 반복적으로 노출되면 빠르고 자극적이며 강한 정보에만 익숙해지기 마련입니다. 많은 엄마들이 스마트폰으로 동화를 들려주기도 합니다. 물론 이것도 좋은 방법이지만 그보다는 엄마의 목소리로 아이와 교감하면서 들려주는 이야기나 동화책 읽기가 아이의 정서적 안정과 발달에 훨씬 도움이 됩니다. 아이와 그때그때 눈맞춤을 하며 스킨십도 할 수 있고 바로바로 공감할 수 있는 엄마표 동화책 읽기는 정말 최고의 방법입니다. 상황에 따라 질문을 하고 이야기를 나누는 과정에서 아이의 사고확장과 창조력도 키울 수 있습니다.

또한 스마트폰에 빠지다보면 사회성 발달에도 문제가 생길 수 있습니다. 사람들은 서로 교감하면서 정서적 안정을 찾고 사회성을 기르게 됩니다. 그런데 혼자 스마트폰을 보곤 하는 아이들은 어쩌다 다른 사람과 대화할 때도 표현을 잘 못하고, 말할 때에도 눈을 마주치려 하지 않고 자꾸만 피하며 자기만의 세계에 머물고자 합니다. 엄마와의 관계뿐만 아니라 또래아이들과의 놀이 활동이나 대화에도 별 관심을 갖지 않기 때문에 사회성 발달에도 장애가 될 수 있습니다. 그뿐만 아니라 신체적으로도 문제가 생길 수 있는데, 실제로 스마트폰을 너무 많이 하면 잘못된 자세 때문에 척추측만증이 생기거나 목에 심각한 문제가 생기는 등 성장장애가 올 수 있습니다.

사례_아이가 스마트폰 하겠다고 떼를 쓸 때

아이: 으앙, 엄마 줘.

엄마: 안 돼.

아이: 으앙, 으앙.

엄마: 스마트폰은 전화 걸고 받을 때 쓰는 것이야.

아이: 으앙.

엄마: 스마트폰은 엄마가 휴대전화로 쓰는 것이기 때문에 줄 수 없단다. 재혁아, 엄마랑 놀이터 나가서 놀까?

아이: ......

아이가 울면서 떼를 쓴다고 스마트폰을 주면 안 됩니다. 특히 영유아라면 아이가 떼를 써도 단호하게 말해야 합니다. 물론 아이들 성향에 따라 엄마의 훈육방법에 반응하는 태도는 다릅니다. 가슴형인 2·3·4유형 성향의 아이들에게는 공감시키면서 말해야 합니다. 그렇게 하지 않으면 버림받았다고 생각하기 쉽습니다. 장형인 8·9·1유형 성향의 아이들에게는 단호한 태도를 보이면 아이들도 알아듣습니다. 머리형인 5·6·7유형 성향의 아이에게는 왜 안 좋은지에 대해 차분하게 대화를 통해 이해시키면 됩니다.

아이들마다 반응이 다르지만 성향과 상관없이 스마트폰은 휴대전화 기능이라는 것을 분명하게 말해줍니다. 말을 해도 계속 달라고 떼쓰거나 울면 엄마는 아이가 울음을 그칠 때까지 인내심을 갖고 기다려야 합니다. 그리고 아이가 울음을 그치면 재미있는 환경을 만들어주고 활동

228

적인 놀이를 할 수 있도록 노력해야 합니다. 무엇보다 엄마가 아이 앞에서 전화로 통화하는 모습을 보여줄 때만 가능한 일이죠. 아이한테는 영상을 보지 말라고 말해놓고 엄마가 드라마를 보거나 한다면 아이는 엄마를 신뢰하지 못합니다.

아이가 초등 저학년이라도 스마트폰이 있다면 엄마와 아이는 코칭 대화로 합의를 해야 합니다. 무조건 못하게 한다고 해결되는 것이 아닙니다. 아이와 대화를 통해 사용할 수 있는 어플이나 사용시간 등 스마트폰 사용 규칙을 정해야 합니다. 그리고 규칙과 약속을 잘 지켰을 때는 반드시 칭찬을 해주는 것이 중요합니다. 필요에 따라 적절한 보상으로 상을 준다면 아이 스스로 절제하는 능력도 키울 수 있습니다.

그런데 아이들의 스마트폰 중독을 막으려면 어떻게 해야 할까요? 일단 아이가 보는 앞에서 스마트폰 사용을 줄여야 합니다. 부모는 아이의 거울이라는 말처럼 아이들은 엄마의 활동이나 생각, 말투를 보고 따라 하기 마련입니다. 엄마가 스마트폰을 보며 즐거워하면서 자신에게 관심을 가져주지 않는다면 거부당한 느낌 때문에 스스로를 가치 없다고 생각하는 아이들도 있습니다. 아이들은 언어 표현력이 미숙하기 때문에 겉으로 표현하지 않아도 이런 감정은 아이의 무의식에 쌓이게 됩니다.

스마트폰에서 멀어지게 하는 중요한 방법은 아이를 놀게 하는 것입니다. 엄마와 야외 바깥놀이를 함께하거나 또래 친구들과 놀이터에서 신나게 놀 수 있게 해주세요. 비슷한 또래 엄마들과 모임을 갖더라도 아이들은 뛰어놀 수 있도록 환경을 제공해줘야 합니다.

아이들은 엄마의 사랑을 먹고 자랍니다. 아이에게는 꾸준한 애정표현과 결핍을 충족할 사랑을 주는 것이 답입니다. 요즘 아이 키우는 일은 많이 힘듭니다. 이것저것 신경 쓸 것이 너무 많습니다. 정신적으로 건강하고 정서적으로 안정감을 갖도록 키우기 위해 아이에게 사랑도 듬뿍 주어야 하고, 때론 적절한 훈육도 해야 되고 아이의 영양상태도 체크하고 아이와 눈맞춤을 통해 교감해야 합니다. 정말 육아는 신경 쓸 것이 많습니다. 육아는 종합예술입니다.

엄마들은 사실 잠 한 번 마음 편히 자기 힘든 게 현실입니다. 모유수유부터 이유식, 자녀의 인지발달과 정서발달 등 엄마가 세세하고 꼼꼼하게 챙겨야 할 것이 너무나 많습니다. 옛 어른들은 그냥 놔두면 아이들이 다 알아서 잘 컸다고 하지만 지금은 여러 환경이 변했습니다.

이쯤에서 혹시 힘들다는 핑계로, 바쁘다는 핑계로 아이에게 스마트폰을 쉽게 넌져주지는 않았는지 점검해봐야 합니다. 혹시 텔레비전 시청을 과도하게 했는지도 살펴봐야 합니다. 조금은 힘들더라도 아이가 자는 동안 식사 준비를 하거나 집안일을 하기를 권합니다. 아이가 조금 크면 낮잠 잘 때도 활용할 수 있겠지요. 종종 아이가 혼자 블록이나 장난감을 가지고 논다면 참 고마운 일이죠. 이때 엄마들은 잠시 생긴 여유를 틈타 후다닥 일을 처리하기도 합니다. 육아는 누구나 힘들고 제대로 쉬지 못해 모든 엄마들이 스트레스를 받습니다. 가끔은 육아 모임에도 가입해 서로 대화하면서 스트레스도 풀고 좋은 정보도 나누는 게 좋습니다. 같은 고민을 하는 엄마들과 함께 이야기하는 것만으로도 큰 힘이 될 때가 있습니다.

스마트폰 중독 체크리스트

1. 식사 후 휴식도 없이 바로 스마트폰을 하거나 화장실도 가지 않고 스마트폰을 한다.
2. 스마트폰을 하다가 그만두면 또 하고 싶어 조를 때가 많다.
3. 스마트폰을 못하게 하면 안절부절못하고 초조해한다.
4. 스마트폰을 할 때만 생기 있어 보이고 집중한다.
5. 스마트폰을 안 할 때는 집중하지 못하고 불안해 보인다.
6. 해야 할 다른 일이 있어도 스마트폰만 가지고 논다.
7. 스마트폰을 못하면 지루해하고 재미없어 한다.
8. 스마트폰을 하는 시간이 하루 중에 가장 편안해 보인다.
9. 정해진 시간만 사용하겠다고 약속하지만 대부분 약속을 지키지 못한다.
10. 스마트폰을 오래 하느라 아이의 체중이 변한 것 같다.
11. 스마트폰을 못하게 하면 화를 내거나 짜증을 낸다.
12. 스마트폰 사용으로 생활이 불규칙해졌다.

전혀 그렇지 않다 1점 / 그렇지 않다 2점/ 그렇다 3점 / 매우 그렇다 4점
검사결과 44점 이상일 경우는 중독 성향이 높은 고위험 사용자군으로 치료가 필요한 수준입니다. 29~43점 이하는 잠재적 위험 사용자군으로, 스스로 정리하고 계획적으로 사용할 수 있도록 보호자의 노력이 필요합니다. 29점 이하는 건전한 사용을 위해 보호자의 지속적인 점검이 필요합니다.

(출처: 한국정보화진흥원 인터넷 중독대응센터)

부 록

에니어그램 유형 성향 진단지
아이의 성장을 위한 성향별 코칭 질문
아이의 관찰기록지

에니어그램 유형 성향 진단지

다음은 아이의 유형 성향을 알아보기 위한 질문입니다. 질문을 읽고 '그렇다' 하고 대답한 것을 세어 총계를 내어보세요. 총계 숫자가 가장 많은 유형이 우리 아이의 성향이라고 잠정적으로 판단합니다. 주의할 것은 아이의 성격은 커가면서 다르게 표현될 수도 있다는 점입니다. 특히 아이의 성향을 관찰할 때는 객관적인 태도로 임해야 합니다.

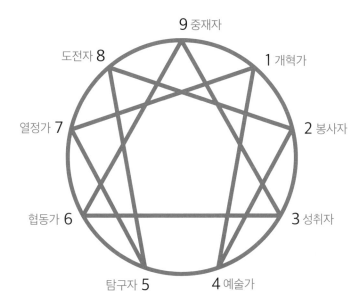

☐ 친구들을 이끌어가는 편입니까?

☐ 강한 면이 있고 힘이 넘쳐 보입니까?

☐ 하고 싶은 말이나 생각을 당당하게 이야기합니까?

☐ 다른 사람들에게 복종하기를 싫어합니까?

☐ 다른 사람들이 일방적인 지시를 할 때 말을 잘 안 듣거나 고집불통이어서 부모나 교사를 힘들게 합니까?

☐ 불만이 있거나 화가 나면 거리낌없이 강하게 표현합니까?

☐ 동생이나 힘이 없는 친구들을 잘 보호합니까?

☐ 놀 때 열심히 놀고 공부할 때 열심히 하듯 자신이 좋아하는 일에 열정적입니까?

☐ 다른 사람에게 권위적인 말로 지시하거나 그런 행동을 하는 편입니까?

☐ 독립심이 강해 스스로 하려고 합니까?

☐ 늘 고삐 풀린 망아지처럼 행동이 과격합니까?

☐ 약해지는 것이 싫어 도움을 청하지도 않고 부탁하지도 않습니까?

☐ 화끈하고 배짱이 두둑한 편입니까?

➡ 위의 질문에 '그렇다'라고 대답한 개수는 몇 개입니까? (   ) 개

☐ 먹을 것만 잘 챙겨주면 엄마를 귀찮게 하는 일 없이 순한 편입니까?

☐ 집에서 텔레비전을 보거나 하는 일 없이 빈둥거리기를 좋아합니까?

☐ 엄마를 잘 따르고 손을 잡거나 신체적 접촉을 좋아합니까?

☐ 다른 아이들보다 행동을 천천히 하거나 말이 느린 편입니까?

☐ 친구들과 많은 어른들이 편하고 따뜻한 아이라고 말합니까?

☐ 과제나 할 일을 미루는 경향이 있습니까?

☐ 알았다고 말하고는 행동을 하지 않는 경우가 많습니까?

□ 자신의 주장보다는 대체로 다른 사람들의 의견에 따르는 편입니까?

□ 때때로 황소고집을 부릴 때가 있습니까?

□ 다른 사람들 앞에 나서기보다는 뒤로 물러서는 경향이 있습니까?

□ 다른 사람이나 친구와 갈등이 있으면 피하는 경향입니까?

□ 가정에서 어렵고 힘든 문제가 있어도 괜찮다고 말합니까?

□ 처음 시작이 어렵지 일단 시작하고 나면 꾸준히 하는 편입니까?

➡ 위의 질문에 '그렇다'라고 대답한 개수는 몇 개입니까? (   ) 개

1유형 성향 아이에 대한 질문

□ 과제를 하든 그림을 그리든 완벽하게 하려는 경향이 있습니까?

□ 책상이나 자기 방을 스스로 정리하며 대체로 깔끔한 편입니까?

□ 목욕이나 손씻기, 숙제 등 자기 할 일은 스스로 알아서 하는 편입니까?

□ 식사 때 엄마를 도와 식탁 정리나 설거지를 해야 한다고 생각합니까?

□ 눈치가 빨라 엄마가 말하지 않아도 궂은일을 하려고 하는 편입니까?

□ 친구나 다른 사람이 맞춤법이 틀렸을 경우 지적하면서 고쳐주려고 합니까?

□ 친구들이 규칙이나 약속을 지키지 않는다고 비난하는 편입니까?

□ 유치원이나 학교 선생님 말씀을 잘 듣는 편입니까?

□ 자신이 맡은 바 책임을 다하는 편입니까?

□ 부지런하고 모든 일을 잘하려고 긴장하는 편입니까?

□ 엄마나 아빠가 약속을 안 지켰을 경우 따지는 편입니까?

□ 화가 나도 속으로 삭히면서 눈썹을 찌푸리거나 인상을 쓰는 편입니까?

□ 양심적이며 예의바른 모범생 스타일입니까?

➡ 위의 질문에 '그렇다'라고 대답한 개수는 몇 개입니까? (   ) 개

2유형 성향 아이에 대한 질문

☐ 자신이 원하는 것보다는 다른 사람들이 원하는 것을 먼저 해주는 편입니까?

☐ 친구나 어려운 사람들을 보면 나서서 도와주는 편입니까?

☐ 친구 관계에서 쉽게 상처를 받는 편입니까?

☐ 다른 사람들에게 부탁을 잘 못하는 편입니까?

☐ 다른 사람들에게 먹을 것을 주거나 선물을 주는 것을 좋아합니까?

☐ 항상 생글생글 웃으며 상냥하게 대합니까?

☐ 간혹 너무 피곤하다고 말하면서 엄마한테 짜증을 부릴 때가 있습니까?

☐ 유치원이나 학교에서 모범생이 되려고 노력합니까?

☐ 다른 사람들의 기분에 잘 맞춰주는 편입니까?

☐ 눈치가 빨라 다른 사람들이 무엇을 필요로 하는지 금방 알아채는 편입니까?

☐ 친구나 다른 사람이 부탁하면 거절을 못하는 편입니까?

☐ 사람들과 친구와 함께 있기를 좋아하고 이야기하는 것을 좋아하는 편입니까?

☐ 다른 사람들에게 사랑받고 칭찬받으려고 애쓰는 편입니까?

➡ 위의 질문에 '그렇다'라고 대답한 개수는 몇 개입니까? (   ) 개

3유형 성향 아이에 대한 질문

☐ 원하는 것을 이루기 위해 목표를 정하고 끈기 있게 노력을 하는 편입니까?

☐ 재주가 많아 다방면에서 잘한다는 소리를 듣는 편입니까?

☐ 선생님이나 어른들에게 인정을 받는 편입니까?

☐ 센스가 있어 옷도 깨끗하게 잘 차려입습니까?

☐ 성격이 명랑하고 사교적이라 상황에 따라 잘 대처하는 편입니까?

☐ 열정적이라 너무나 많은 과제나 일을 하느라 피곤해하는 편입니까?

☐ 다른 사람이나 친구들과 경쟁을 해서 꼭 이기고 싶어 합니까?

☐ 동작이 빠르고 실제적이고 효율적으로 생각하고 행동하는 편입니까?

☐ 자신의 생각을 말로 잘 표현할 뿐만 아니라 언변 또한 좋습니까?

에니어그램 코칭맘

□ 할 수 있다는 자신감이 있고 열정적인 성향입니까?

□ 유치원이나 학교에서 적극적이고 주도적으로 참여하는 편입니까?

□ 욕심이 많아 배우고 싶은 것이나 하고 싶은 것이 많은 편입니까?

□ 사람들 앞에 나서기를 좋아하는 편입니까?

➡ 위의 질문에 '그렇다'라고 대답한 개수는 몇 개입니까? (   ) 개

4유형 성향 아이에 대한 질문

□ 다른 사람들에게 쉽게 상처를 받는 편입니까?

□ 자신이 다른 사람들과 다르다고 생각하고 특별하게 보이고 싶어합니까?

□ 표현력이 풍부하고 감수성이 예민합니까?

□ 화려하고 독특한 옷이나 액세서리를 많이 갖고 싶어하고 즐겨 착용합니까?

□ 분위기에 따라 기분이 자주 변하는 편입니까?

□ 종종 자신에 대해 깊이 생각하거나 비현실적인 상상에 빠지는 경우가 많습니까?

□ 미술, 음악, 춤 등 예체능에 재능이 있는 편입니까?

□ 미적 감각이 뛰어나 아름답고 독특하거나 고급스러운 물건을 수집하는 편입니까?

□ 어떤 사물에 대한 관점이 남과 다르고 창조적인 면이 있습니까?

□ 종종 기분이 침체되어 있거나 우울해하는 경향이 있습니까?

□ 매력적이며 독특한 말투나 우아하고 도도한 태도를 보이는 편입니까?

□ 희극적이거나 비극적인 스토리에 관심을 갖고 극적인 영화나 드라마를 좋아하는 편입니까?

□ 다른 사람이나 친구가 갖고 있는 재능이나 물건 등을 부러워하고 비교하며 시기질투하는 편입니까?

➡ 위의 질문에 '그렇다'라고 대답한 개수는 몇 개입니까? (   ) 개

5유형 성향 아이에 대한 질문

☐ 조용히 책을 읽거나 컴퓨터에서 정보를 찾는 편입니까?

☐ 사람들 앞에 나서는 것도 싫어하고 말수가 없고 차분한 편입니까?

☐ 친구들과 어울리기보다는 조용히 혼자 있는 것을 더 좋아하는 편입니까?

☐ 궁금한 것에 대한 질문을 자주 하고, 주로 철학적 질문이 많은 편입니까?

☐ 다른 사람들이 자신에 대해 지나친 관심을 갖거나 간섭하는 것을 싫어하는 편입니까?

☐ 사회적인 관습에 대해서는 크게 신경 쓰지 않는 편입니까?

☐ 논리적이고 이성적이나 감정 표현은 잘 안하는 편입니까?

☐ 호기심이 많고 기발한 아이디어가 많습니까?

☐ 신비스러운 것에 관심이 많습니까?

☐ 종종 엉뚱하고 기발한 유머 감각을 보일 때가 있습니까?

☐ 자신이 소중하다고 생각하는 것을 모아두는 편입니까?

☐ 머리로 이해되지 않는 주제에 대해서 종종 따지고 논쟁하는 편입니까?

☐ 수줍고 부끄러움을 잘 타고 사람들과 신체 접촉을 싫어하는 편입니까?

➡ 위의 질문에 '그렇다'라고 대답한 개수는 몇 개입니까? (   ) 개

6유형 성향 아이에 대한 질문

☐ 어떤 일이 일어날까 봐 유난히 잔걱정이 많은 편입니까?

☐ 다른 사람들에게 호감 사려고 노력하거나 엄마나 선생님 말씀을 잘 듣는 모범적인 편입니까?

☐ 질문을 자주하는 편입니까?

☐ 규칙이나 질서, 약속을 잘 지키는 편입니까?

☐ 웃기거나 진지하거나 또는 우울하거나 갑자기 화내는 식으로 기분이 자주 바뀌는 편입니까?

☐ 유치원이나 학교 등 단체 생활에서 협조적이며, 모든 일에 책임감을 갖고 충실하고 성실하게 열심히 노력하는 편입니까?

□ 의심을 하거나 불안해 보이는 편입니까?
□ 순종적인 면도 있지만 가끔 전혀 예상치 못한 모순된 행동을 하거나 지나치게 공격적인 행동을 해서 불안한 감정을 숨기려고 하는 편입니까?
□ 겁이 많은 편으로 무서워하거나 잘 놀라는 편입니까?
□ 어떤 것을 결정할 때 우유부단한 태도로 주저하며 쉽게 결정을 못하는 편입니까?
□ 어려움에 처한 사람들에게 연민의 마음이 있습니까?
□ 종종 사람들과 다른 입장에 서서 반대 주장을 하는 편입니까?
□ 확실한 것을 제시하거나 제공하는 것을 원하고 편안해하는 편입니까?

➡ 위의 질문에 '그렇다'라고 대답한 개수는 몇 개입니까? (   ) 개

7유형 성향 아이에 대한 질문

□ 낙천적이라 항상 즐겁고 기분이 좋은 편입니까?
□ 친구가 많고 여럿이 어울려 다니며 놀기를 좋아하는 편입니까?
□ 장난기가 많고 까불기를 좋아하며 가만히 앉아 있지 못하는 편입니까?
□ 자신이 원하고 좋아하는 물건은 어떻게든 꼭 가지려고 하는 편입니까?
□ 명랑하고 밝은 성격이라 함께 있으면 다른 사람들도 덩달아 기분이 좋아지는 편입니까?
□ 호기심이 많고 궁금한 것이 많아 다양한 것에 관심을 보이는 편입니까?
□ 엉뚱하고 기발한 아이디어가 풍부한 편입니까?
□ 가만히 있지 않고 항상 바쁘게 돌아다니거나 놀이 계획을 많이 세웁니까?
□ 말재주가 좋고 유머 있는 말을 잘하는 편입니까?
□ 어렵고 힘든 것은 회피하는 편입니까?
□ 집중시간이 짧아 진득하게 책상에 앉아서 과제하기를 힘들어 하는 편입니까?
□ 인내심이 부족해 시작한 것을 끝까지 못하는 편입니까?
□ 뭐든지 할 수 있다는 근자감이 넘치고 과장된 표현을 하는 편입니까?

➡ 위의 질문에 '그렇다'라고 대답한 개수는 몇 개입니까? (   ) 개

아이의 성장을 위한 성향별 코칭 질문

코칭은 사람의 잠재력을 이끌어내는 효과적인 방법입니다. 아이들의 성향에 따라 받아들이는 것이 다르기 때문에 먼저 아이의 성향을 파악하고 그 기반으로 코칭을 해야 효과가 배가됩니다. 즉 사고형 아이는 논리적으로, 가슴형 아이는 우선 감정을 공감하고 코칭해야 합니다. 장형 아이들에게는 아이의 욕구를 인정하면서 솔직하게 코칭하는 것이 효과적입니다.

  아래 표는 각 유형이 가지고 있는 신념을 기반으로 현재 자신을 이해하고 잠재력을 키워 성장할 수 있도록 돕는 질문입니다. 질문을 통해 스스로 어떻게 문제를 해결할 것인가에 대한 능력을 키울 수 있습니다.

유형	코 칭 질 문
8	-언제 강하고 힘이 있다고 생각하나요? -친구를 배려한다는 것은 어떤 것을 말할까요?
9	-피하고 싶거나 하고 싶지 않은 것은 무엇인가요? -결과를 성취하기 위해 당장 어떤 행동을 해야 되나요?

에니어그램 코칭맘

1	-착한 아이가 되려고 노력했던 것들은 무엇인가요? -재미있고 즐겁게 시간을 보내려면 어떻게 하면 될까요?
2	-도움을 주면 기분이 어떤가요? 친구가 도움을 청하지 않았는데도 도와준 적이 있나요? -갖고 싶은 것은 무엇인가요? 하고 싶은 것은 무엇인가요?
3	-칭찬받고 멋진 사람이 되기 위해 어떤 것들을 했나요? -친구들과 함께 공동의 목표를 실현하려면 어떻게 해야 할까요?
4	-지난 일 중 어떤 것을 생각하나요? 또 어떤 감정이 떠오르나요? -바꾸고 싶은 단점은 무엇인가요? 어떻게 하면 바꿀 수 있을까요?
5	-반드시 지식으로 알아야 할 것은 무엇인가요? -여러 친구들과 교류하려면 어떤 행동을 해야 하나요?
6	-하고 싶은 계획이 있나요? 그때 어떤 걱정이 올라오나요? 몸과 마음이 편안하기 위해서 무엇을 할까요? -나를 도와주고 지원해주는 것은 무엇일까요?
7	-재미를 느끼며 하고 싶은 것은 어떤 것인가요? 어떤 계획을 세웠나요? -혼자 조용히 있으면 어떤 일이 일어나나요? 혼자 있을 때 편안하고 행복하나요?

아이의 관찰기록지

이름: 나이/학년:

관찰 항목	관찰 내용 (자세하게)
생활습관은 어떤가요? (식사, 기상, 옷입기, 밥먹기, 잠자기, 예절, 규칙 지키기, 버릇, 기타)	
공부할 때 태도는 어떤가요? 좋아하는 과목은 무엇인가요? 스스로 과제를 하나요? 배우는 것을 좋아하나요?	
원하는 것이 있다면 어떻게 주장하나요? 원하는 것을 얻지 못할 경우 어떻게 반응하나요?	
언제, 무엇 때문에, 어떻게 감정적 반응을 하나요? (화, 짜증, 불안, 두려움 등)	
친구와 어떻게 지내나요? 친구관계를 맺는 태도는 어떤가요? (주도적, 순응적, 뒤로 물러남 등)	

혼자 있을 때 무엇을 하나요? 무엇을 좋아하나요? (음식, 놀이, 물건, 기타) 무엇을 잘 하나요?	
유치원 선생님이나 학교선생님 및 친구, 이웃이 말하는 우리 아이 성향적 특성은 어떤 것이 있나요?	
기타 사항	
지금까지 관찰한 내용을 토대로 우리 아이 종합적 특성을 적어주세요	

우리 아이는 (　　　) 유형 성향이다.

에니어그램 코칭맘
내 아이의 성향에 꼭 맞춘 맞춤식 코칭

초판 찍은 날 2018년 1월 10일
초판 펴낸 날 2018년 1월 15일

지은이 김진희

펴낸이 김현중
편집장 옥두석 ｜ 책임편집 이선미 ｜ 디자인 이호진 ｜ 관리 위영희

펴낸 곳 (주)양문 ｜ 주소 서울시 도봉구 노해로 341, 902호(창동 신원리베르텔)
전화 02. 742-2563-2565 ｜ 팩스 02. 742-2566 ｜ 이메일 ymbook@nate.com
출판등록 1996년 8월 17일(제1-1975호)

ISBN 978-89-94025-67-4 03180   잘못된 책은 교환해 드립니다.